LES DEUX GRANDES

PERTURBATIONS SOCIALES.

IMP. DE W. REMQUET ET Cie, RUE GARANCIÈRE, 5.

LES DEUX GRANDES

PERTURBATIONS SOCIALES

RECOMMENCÉES

EN ORIENT ET EN OCCIDENT

VASTES CONSPIRATIONS CONTRE LES CATHOLIQUES,
LES NATIONS CIVILISÉES ET LES INDÉPENDANCES DE L'EUROPE CENTRALE ,
MANIFESTÉES EN ITALIE ET EN PALESTINE.

AVERTISSEMENTS AUX FRANÇAIS, AUX GRECS ET AUX ITALIENS.

COMBATS ENTRE LES CONSERVATEURS DE LA CIVILISATION
ET LES CONQUÉRANTS DES DOMINATIONS UNIVERSELLES, ENTRE LE CATHOLICISME ET LES HÉRÉTIQUES.

Le peuple très-chrétien défendant l'ordre européen, le droit des nations
et la loi évangélique contre le dragon de l'Apocalypse sortant tantôt de la mer Noire, tantôt de l'Océan,
pour engloutir les royaumes, les empires et les peuples de l'Europe centrale et méridionale.

ESPÉRANCES DE L'ORDRE SOCIAL ET ÉVANGÉLIQUE SUR LA SUPÉRIORITÉ MILITAIRE
DE LA FRANCE.

LES GRANDES GLOIRES QUI ATTENDENT LES SUCCESSEURS DE CONSTANTIN ET DE CHARLEMAGNE.

PAR

le prince Nicolaos-Steph. COMNÈNE.

L'archange saint Michel ou des Hercules chrétiens pour
préserver l'Europe civilisée des Philistins, et dominations
universelles du nord. Après la moisson des brochures, le
combat épique pour la défense de l'ordre, du Christianisme et de la civilisation.

PARIS

CHARLES DOUNIOL, LIBRAIRE-ÉDITEUR

rue de Tournon, 29.

1860

LES DEUX

GRANDES PERTURBATIONS SOCIALES.

———————◦———————

I

On parle de négociations politiques tantôt entre la France et la Russie ayant pour objet de satisfaire l'ambition du czar à l'avantage d'un de ses parents ; tantôt entre les cours de France et d'Angleterre pour décider le sort futur de l'Italie centrale et méridionale, aujourd'hui que les États-Romains, les trois duchés voisins et le royaume des Deux-Siciles sont envahis par les protégés du Piémont et par les émissaires des ennemis constants du catholicisme. Si l'Angleterre demande des améliorations pour les Italiens, la Russie en sollicite aussi pour les chrétiens de l'Orient. L'Europe s'inquiète de ces prétextes d'agitation, parce qu'elle sait que les pays qui ont le plus besoin d'améliorations sont l'Angleterre et la Russie, parce qu'elle est convaincue que ces deux puissances se mêlent de ces questions, chez les peuples faibles, pour les asservir et les spolier, tout en feignant de les défendre.

Quoiqu'on doive se reposer sur la prévoyante sollicitude des gouvernants préposés à la garde de la patrie et de la religion, cependant il y a devoir pour tout bon citoyen de les avertir des dangers sérieux qui menacent les destinées nationales ; qu'ils sont plus que jamais appelés à défendre les intérêts élevés de la France, tout en préservant des mêmes malheurs les autres nations civilisées et catholiques. C'est principalement au peuple le plus puissant du monde policé qu'incombe l'initiative de s'opposer au débordement de la barbarie septentrionale sur l'Europe centrale et les peuples faibles.

L'immense désolation des conquêtes boréales, plusieurs fois conjurée grâce à l'intelligence de notre diplomatie et à la bravoure de nos soldats, s'approche de nos frontières, travaille notre existence, fomente l'incendie près de notre édifice social par des mains corrompues, moyennant l'influence métallique, les manœuvres perfides, les promesses mensongères, les bras aveuglément armés, qu'on dirige contre leur souverain , leurs compatriotes, la religion de leurs pères , leur indépendance individuelle et nationale. Les premiers acteurs de cette sacrilége et sanglante tragédie excitent leurs aveugles instruments au nom de la liberté et de la justice. Que l'on fasse tomber le masque de l'hypocrisie, et l'on verra que c'est pour satisfaire les ambitions, les convoitises et l'orgueil effrénés de grands oppresseurs, que les dévastations se pratiquent sur les malheureux pays de l'Italie et de l'Orient; que des mains profanes enchaînent les ministres de l'Église, que les peuples s'entr'égorgent, que la cause sacrée de l'humanité opprimée et de la religion véritable est convertie en usurpation, en désordre de lèse-société et de lèse-nationalité.

Le hideux cynisme de l'asservissement, de la rapacité et du fanatisme, quoique depuis longtemps connu par tout homme intelligent, procède avec un front éhonté pendant ce siècle de lumières , tant la barbarie conquérante, hérétique de la Moscovie et de l'Angleterre compte sur l'indifférence religieuse de leurs rivales , sur la vénalité des acteurs insurrectionnels, sur la désunion des nations méridionales! C'est par le Piémont mis sous leur influence, trompé par des avantages fallacieux, que les nouveaux Nemrod, les Mahomet modernes, les antechrists (1), ont formé leur avant-garde pour recommencer les invasions des Scythes et des Vandales, comme pendant le VIe siècle, lorsque les flots de la barbarie envahissaient Rome , pour s'étendre ensuite sur l'Orient, sur l'Occident et sur les autres parties méridionales, plus riches en pays fertiles, en productions industrielles, pour satisfaire les Normands et les nouveaux Tartares.

II

N'est-il pas temps, enfin, d'arrêter les usurpations politiques, la licence barbare, les partages impies, sauvages des siècles les plus affreux, préparés par les prétendus Italiens (2) et protecteurs des nationalités opprimées ? Comment croire que ce renversement d'idées, de principes, de progrès social et de croyances puisse être commencé et développé sous les yeux de la nation la plus policée, la plus puissante, la plus intéressée à protéger la conservation et

---

(1) .... « Et nunc Antichristi multi facti sunt.... Qui negat quoniam Jesus est Christus , hic est Antichristus, qui negat Patrem et Filium. » (Ire Épitre de saint Jean, ch. II.)

(2) Les Piémontais sont les descendants des anciens Allobroges , qu'il ne faut pas confondre avec les véritables Italiens. Plus, leur roi actuel tient de l'Allemagne son origine. Le sang du général Garibaldi est grec, devenu français, puisque Nice, à qui il doit la naissance, est une fondation de l'ancienne colonie hellénique de Marseille, ainsi que la ville d'Antibes. Des noms grecs, Νίκη et Ἀντίπολις, on a fait pour les Occidentaux *Nice* et *Antibes*. Leurs peuples tirent donc leur origine de l'antique Phocée, près de Smyrne, dont les habitants vinrent, sur le littoral de la Provence, fonder, vers le VIe siècle avant l'ère chrétienne, la république de Marseille, si florissante par ses établissements agricoles, industriels et scientifiques, qui commencèrent la civilisation des Gaules.

l'ascendant du catholicisme et de la civilisation , contrairement à l'invasion des deux grands schismes, en opposition des usurpations, du fanatisme et de la rapacité, que le protestantisme et la théocratie britannique et moscovite introduisent au centre de la catholicité, pour y fomenter des réformes et des améliorations fallacieuses, comme autant de piéges, pour asservir des peuples imprévoyants? L'Angleterre solde la coalition d'aventuriers, d'âmes vénales, d'ambitieux conspirateurs, dans un pays où elle espère rompre la digue religieuse et politique garantissant les droits des peuples, selon l'intérêt bien entendu de la civilisation et les saines doctrines de l'Évangile. Sous ce rapport, son but ne combat pas celui des czars.

Mais l'intérêt encore plus dominant de la Russie et de la Grande-Bretagne, en ce moment, est celui de mettre, par la licence envahissante des Piémontais, la confusion et la discorde parmi les nations secondaires et faibles de l'Europe centrale, surtout de l'Italie, par les agents d'un prince et des factieux, dans le double but de n'avoir plus d'obstacles à leur ambition ni dans le droit des gens, ni dans la supériorité militaire de la France. Les deux grands contempteurs des lois divines et humaines se sont dit, en mordant le frein de leur orgueil et de leur cupidité : « Si des Catilina et des Robespierre se trouvaient encore pour vouloir incendier Rome, détruire les prêtres avec les *moellons des pavés,* avec la hache et la guillotine , ce seraient là les instruments propres à mettre le chaos dans cette Italie et cette France, dont la supériorité militaire dans l'une, et les doctrines catholiques présidées par l'autre, sont des boulevards infranchissables à nos flottes , à nos phalanges conquérantes.

N'est-ce pas durant les malheurs de la papauté et les catastrophes de nos armées, que les chefs des coalisés ont agrandi leur puissance? Le czar se souvient que la marche conquérante de son armée n'a été arrêtée en Orient que par nos soldats; et l'Angleterre sait combien notre marine de pyroscaphes devient de plus en plus menaçante pour la nation anglaise. Notre politique est donc la plus intéressée religieusement et militairement à déjouer les manœuvres des anglo-russes en Italie et en Orient, sans permettre aux czars des stations au port de Villefranche, ni aux Anglais des possessions en Sicile.

III

Les projets hostiles, permanents, chez les rivaux de la France, sont secrètement et fortement animés à détruire la puissance de notre pays. Il ne faut nullement composer avec eux par des combinaisons usurpatrices, subversives des principes sociaux, en pratiquant en Orient la réaction de la violence et de la rapine des barbares; car ce serait imiter les oppresseurs de la Pologne, ou d'autres larrons couronnés s'appuyant sur le glaive d'un puissant conquérant pour se partager les peuples comme des troupeaux. Ce moyen est barbare, destructeur de tous les droits, de toute sûreté individuelle et nationale, puisque c'est la force et non la justice qui décide sur le sort des existences humaines. On ne croit donc pas que le chef de la France renouvelle ni le traité de Tilsit, ni les autres conventions secrètes de 1828 et 1829, entre les cours des Tuileries et de Pétersbourg, dont les conséquences ont été si funestes aux gardiens de nos destinées (1). D'autres combinaisons concertées avec les Moscovites ou avec les Anglais, accroissant leur empire respectif et leurs espérances de domination universelle, doivent donc être combattues par la réunion des peuples menacés. Il y aurait faiblesse, s'il n'y avait pas faute ou trahison à y consentir, dans quiconque est en devoir et en puissance de s'opposer à l'asservissement de l'Europe et des autres parties du globe projeté par le testament de Pierre le Grand, par tout catholique qui doit s'opposer aux absorptions des croyances protestantes, et du commerce insatiable, tyrannique de l'Angleterre.

Les chrétiens en général, les Français en particulier, n'ignorent pas que ce fut à Constantinople que Constantin le Grand proclama le christianisme, ce grand fleuve des améliorations humaines ; que son nom devint encore plus illustre, à travers les siècles du progrès évangélique, pour avoir présidé à la conservation des saines doctrines des catholiques contre les hérésies d'Arius et d'autres ambitieux hétérodoxes qui sont les maîtres des Saint-Simoniens, des Calvinistes mêmes, et autres hérétiques en réalité déistes, et par conséquent plagiaires de la secte des Melchites niant la divinité de Jésus-Christ.

Où trouver un plus bienfaisant, un plus magnanime et pieux exemple à imiter que celui du premier empereur chrétien, pour conserver la pureté des doctrines évangéliques, lorsqu'elle est attaquée, dans le centre de la catholicité et de la civilisation, par des langues, des feuilles et des armes sacriléges, au mépris des lois divines et humaines ? Quand il faut défendre l'intérêt universel de l'humanité et l'intérêt particulier de la nation très-chrétienne dont la majorité en Europe est catholique ? Quand notre peuple ne mériterait plus cette qualité éminente, s'il permettait la prédication insurrectionnelle des esprits rebelles, impies, dirigeant leurs continuels efforts en discours, en argent, en armes, pour détruire les croyances de nos pères, pour déconsidérer nos pontifes, pour le triomphe de ces déistes, prêts à tomber dans le chaos ténébreux du paganisme ou de la terreur sanglante des conventionnels de 1793 ?

Le droit de discussion est utile ; mais il doit poser des limites aux ambitions, aux indépendances intellectuelles de la religion et de la politique. Loin donc d'écouter les nouveaux Ariens, les déistes, les hérétiques et les païens, se concertant à déconsidérer le souverain Pontife, à le spolier de ses États, à détruire le catholicisme, il faudrait désirer à la tête des armées véritablement chrétiennes, des empereurs aussi magnanimes que Constantin le Grand et Charlemagne, ne permettant ni la spoliation du vicaire de notre Rédempteur, ni celle

____

(1) Le traité de Tilsit abandonnait l'Orient à l'empereur Alexandre Ier, et à Napoléon Ier l'occident de l'Europe et l'Afrique septentrionale ; les conventions secrètes de 1828 et 1829 introduisaient le peuple russe dans l'empire ottoman et accordaient à la France les provinces rhénanes.

de la veuve et de l'orphelin de Parme et des autres duchés, ni celle du roi pieux et magnanime de Naples et des catholiques du Liban, s'efforçant à repousser de ses États l'usurpation étrangère du Piémont et les hérésies calvinistes des Anglais. Le crime des insurrections toléré, soutenu secrètement par de grandes puissances, est le débordement de forfaits horribles, s'il n'est pas arrêté.

Ces grands empereurs, aussi justes qu'éclairés sur les questions italiennes et religieuses, auraient dit : « Ces princes, spoliés et attaqués dans leurs États, ne se sont point mêlés de la guerre entre l'Autriche et le Piémont. Pour les questions relatives à l'identité des peuples, comment pourrait-on confondre la nationalité et les illustrations de Florence, de Rome, de Naples et de la Sicile, surtout le sang de la Grande-Grèce, de l'Italie méridionale, avec les Piémontais? L'usurpation est donc plus grande en Italie de la part des *Allobroges* et des *Liguriens*, dont les descendants sont appelés aujourd'hui Piémontais, autrefois connus comme ennemis des Romains, que de la part des autres dynasties italiennes, dont les souverains sont nés dans cette péninsule, où ils pratiquent la même religion, les mêmes lois.

IV

Pour l'autre usurpation de l'Orient, les chrétiens policés en général et les Français en particulier savent également que la civilisation ancienne des Grecs se propage en Occident par les colonies helléniques de l'Italie méridionale et de Marseille. Les transformations régénératrices de l'Espérie et des Gaules, aussi glorieuses pour les propagateurs du progrès de l'esprit humain, qu'ennoblissantes pour les disciples avides de connaissances utiles, furent plus tard détruites par les invasions successives des barbaries septentrionales, mais que cette civilisation ne tarda pas à être renouvelée par les Bessarion, Chrysoloras, Lascaris, Budé de Sparte, et autres savants grecs de Constantinople, qui, à la chute de l'empire bysantin, trouvèrent un refuge à Florence, à Rome, à Paris, où leurs enseignements fraternels, évangéliques, artistiques, furent autant d'établissements paternels pour guider l'intelligence de leurs disciples. Ils les dirigèrent, comme s'ils avaient été leurs propres enfants, à naturaliser et développer les idées et les principes de la sagesse. Le mouvement qu'ils imprimèrent à l'esprit humain produisit en Occident ce qu'on appelle la *renaissance des lettres, des sciences, des arts et des autres améliorations sociales* dont le développement fit successivement les siècles tant célébrés de Léon X et de Louis XIV. Ces régénérations constituent le progrès moderne des améliorations européennes dont jouissent la France et les autres nations policées, dont les fécondations bienfaisantes franchissent les espaces pour cultiver d'autres esprits barbares, d'autres régions incultes. Ces innovations salutaires viennent également de la première et grande source des Grecs.

Cette vérité incontestable étant reconnue, tout homme généreux, éclairé et sincère, dira : « Comment pourrais-je me respecter dans le fond de mon âme, si je ne m'oppose pas, autant qu'il est en mon pouvoir, aux débordements des ambitions, des rapacités, des usurpations barbares prêtes à s'étendre encore sur la Grèce, et de là sur le reste de l'Europe, sur des pays enrichis par la civilisation ? S'il y a donc raison impérieuse de salut social et d'ordre conservateur pour les nations civilisées et méridionales de l'Europe, c'est de repousser les insinuations astucieuses des Normands modernes, pour prévenir les désolations de leur asservissement et de leurs déprédations. Les croisades contre ces grands usurpateurs sont à présent aussi nécessaires à préserver la société de la rapacité et de la servitude, qu'autrefois à repousser dans leur repaire les arabo-turcs.

Plus, il y aurait ingratitude grande, monstrueuse à l'égard de la bienfaisante nation des Grecs de ne pas reconstituer leur empire avec les populations martyres et chrétiennes de l'Orient, puisqu'on reconnaît enfin aujourd'hui l'impossibilité de raviver le cadavre de la monarchie ottomane ; puisque la révolution héroïque de 1820 a montré les Hellènes dignes héritiers des héros de l'humanité civilisée; puisque la continuation de la barbarie et de l'usurpation, qu'elle soit turque ou moscovite, renouvelle à l'orient de l'Europe, sur les terres classiques de la civilisation et de la prédication évangélique, l'immense désolation de la rapacité, de la tyrannie et de la servitude, tyrannie affreuse ! martyrisant et scandalisant la société civilisée et chrétienne; puisque les grands oppresseurs de l'humanité continuent toujours l'asservissement et la rapacité, au mépris du progrès social, malgré les lois divines et humaines, qu'ils invoquent dans leurs proclamations hypocrites, mais qu'ils insultent par leurs crimes.

Déclarons donc hautement comme principe de saine philosophie, de religion éclairée, de politique humanitaire: S'opposer aux insurrections et aux usurpations fomentées en Italie depuis plusieurs années par les Anglais, c'est repousser du continent les perturbateurs du repos public ; c'est arracher le masque aux faux libéraux de constitutions dérisoires, aux philanthropes hypocrites des réformes captieuses. D'un autre côté, déjouer les prétentions masquées des Moscovites chez les populations chrétiennes de l'Orient, c'est empêcher que le lien sacré de la religion ne soit profané pour servir d'instrument au crime de la servitude; c'est découvrir l'embuscade d'un poste important d'où le czar se promet l'asservissement de l'Europe.

Mais favoriser les droits des peuples opprimés, envahis par la corruption, l'usurpation, la rapacité, la servitude, la discorde et les crimes des factions et des ambitions effrénées, c'est prêter son concours à la justice des nations, au développement de la civilisation, au progrès de la philosophie, de la religion, de la morale, que les Grecs ont propagés chez les nations mêmes qui, aujourd'hui, se croient plus élevées en gloire, parce qu'elles en ont plus profité pour accroître leur bonheur. Abandonner en Orient les terres classiques de la civilisation et de l'Évangile aux barbares, conquérants de la Tartarie turque ou moscovite, laisser l'autre terre classique du progrès civilisateur et évangélique, cette Italie, autre mère régénératrice des peuples égarés, abrutis, laisser, dis-je, les États-Romains et Napolitains en proie aux hérésies des Calvinistes, aux corruptions et perfidies de la piraterie organisée, allant stationner dans les échelles commerçantes, pour y absorber les richesses du monde : c'est regarder stupidement et lâchement les déprédateurs s'introduisant dans la maison de ses voisins qu'ils vont enchaîner et dépouiller, pour que ces usurpateurs continuent ensuite l'asservissement et la rapacité sur les populations adjacentes. Le caractère ambitieux, cupide, insatiable du russe et de l'anglais, voulant à outrance le système de théocratie et de domination universelle, n'épargnera pas davantage la Prusse, l'Autriche, les autres États d'Allemagne, de la France et de l'Espagne, qu'il ne ménage l'Italie, la Grèce, l'Irlande et la Pologne.

V

Chacun de ces peuples serait donc frappé d'une cécité fatale, s'il s'unissait aux Anglais ou aux Russes pour obtenir quelque parcelle dans le riche partage des patrimoines grecs et italiens (1). D'ailleurs, il ne posséderait que pour quelque temps cette parcelle obtenue des absorbants dominateurs dont la licence et la convoitise tendent à engloutir les autres puissances. Les grands *partageux* se promettent de tout posséder par la division des deux grands empires français et autrichien dont l'union garantit le salut des puissances secondaires et faibles contre le conquérant moscovite. L'alliance des empires catholiques de la France et de l'Autriche garantit également la catholicité contre les hérésies et les usurpations du pouvoir spirituel des théocrates anglais.

L'ordre social en Europe, appelle la répression des grands perturbateurs du monde qui, depuis quelques années, ont pris pour théâtre de leurs manœuvres ambitieuses l'Orient et l'Italie. Le drame politique est rougi du sang généreux des citoyens fidèles, pieux, chevaleresques. On sacrifie la famille chrétienne à une Tartarie aussi hypocrite que rapace, à une piraterie d'anglo-juifs dont l'Europe catholique et le monde civilisé n'ont pas encore bien connu les principaux mobiles. C'est en répétant des conseils aux gouvernants de l'Orient que les ministres de la Russie voudraient trouver le prétexte d'occuper les provinces danubiennes ; c'est aussi par des conseils adressés au souverain Pontife et au roi de Naples que le cabinet britannique veut justifier sa protection aux perturbateurs de l'Italie, en vue de s'emparer des échelles commerçantes des Deux-Siciles et plus encore dans le but de déconsidérer le Pape et détruire le catholicisme. Ecoutez le juif Piccolo-Tigre : « Il faut décatholiser le monde....

« *La révolution dans l'Église,* c'est la révolution en permanence, c'est le ren-

---

(1) Il ne faut pas confondre la Savoie et Nice avec les États italiens : elles sont situées en deçà des Alpes et furent violemment enlevées à la France, par la soldatesque victorieuse des alliés en 1815.

« versement *obligé des trônes et des dynasties*.... Ne conspirons que contre
« Rome. Pour cela, *servons-nous de tous les incidents;* mettons à profit toutes
« les éventualités ; défions-nous principalement des exagérations du zèle. Une
« bonne haine bien froide, bien calculée, bien profonde, vaut mieux que tous
« ces feux d'artifice et toutes ces déclamations de tribune. A Paris , ils ne
« veulent pas comprendre cela, mais à Londres, j'ai des hommes qui saisissent
« mieux notre plan, et qui s'y associent avec profit (1). »

Ces doctes anglo-juifs, ces vénérables docteurs du droit des gens, si édifiants
en paroles, mais si scandaleux en actions, ayant par leurs enseignements et
leurs pratiques fait de Londres et de Saint-Pétersbourg les *universités* de l'oppression, de l'asservissement et de l'absorption ; en expédiant leurs habiles
bacheliers en diplomatie pour insurger, diviser les peuples qu'ils veulent asservir
et exploiter, peuvent-ils se regarder en face sans rougir, tantôt en donnant des
conseils aux souverains qu'ils veulent perdre, tantôt en les accusant d'usurper
des pouvoirs temporels ou spirituels, tandis que, eux chefs de l'Angleterre et
de la Russie, eux souverains *théocrates*, tous deux usurpateurs du pouvoir
spirituel, tous deux usurpateurs insatiables de pouvoirs temporels, aspirent
en outre à la domination universelle et poursuivent ce système de folie par
toutes sortes d'oppressions et de crimes?

Si ces juifs et leurs associés ne conspirent pas, comment expliquer à cet
égard la tolérance et le silence des gouvernements anglo-russes ? Ne voient-ils
pas que le monde catholique et civilisé regarde avec horreur les infortunés
Polonais conduits successivement, en victimes lamentables, en Sibérie subir le
martyre; et que d'un autre côté, le journal de ces derniers jours nous fait
remarquer que, dans le mois de mai dernier, neuf mille Irlandais, fuyant la
famine et l'oppression de leur pays natal, se sont aventurés vers l'Amérique en
quête de nourriture? Ministres des autels et matrones des hospices, préposés à
la conduite des fidèles et des enfants dans les communautés des Romains et des
Napolitains, se plaignent-ils devant les autorités supérieures que la famine
réduit les prolétaires à détruire leurs enfants faute d'aliments, comme il se
fait en Angleterre ?

Pourquoi les Anglais ne portent-ils pas leur sollicitude paternelle sur Workhouse, les paroisses unies de Bloombury et de Saint-Giles , situées au centre
de Londres? « Tel est le traitement qu'y subissent les pauvres, disent les feuilles
publiques, qu'il n'y a pas, de mémoire d'homme, un seul exemple d'un enfant
qui, placé dans ce Workhouse, en soit sorti vivant! C'est un fait que des
personnes honorables, demeurant dans l'une de ces paroisses, ont publiquement
offert de prouver devant un comité de la Chambre des Communes. Leur offre
n'a pas été acceptée. Des générations éphémères d'êtres humains continueront
d'y passer, sans bruit et sans vengeurs, à travers un rayon de vie, éteint presque aussitôt qu'entrevu, jusqu'au jour où une croisade de ces preux qu'enflamme
ailleurs l'amour de la liberté et de l'humanité, vienne mettre un terme au

(1) Crétineau-Joly.

régime dénoncé à leur courage. Ce régime a dans la pensée de ceux qui le prescrivent, le départ hâté de ceux qu'il détruit. Ce départ, l'appellerons-nous *meurtre ?* » *Horresco !*

Puisque les anglo-russes prétendent être mus par les inspirations évangéliques et humanitaires, prêchant en Turquie justice distributive et confraternité civique ; en Italie, perfectionnement administratif, pourquoi ne pratiquent-ils pas ce progrès d'équité, de liberté bienfaisante, en Pologne, en Irlande, dans les Iles-Ioniennes ? Pourquoi ne déposent-ils pas l'usurpation impie, hérétique du *pouvoir spirituel* devant l'autel du Dieu de vérité, de justice et de miséricorde, sans plus continuer les scandales d'une si hideuse hypocrisie, d'une monstrueuse inhumanité, d'une absorption si criminelle ? Jusque-là ils ont perdu le caractère de conseillers et de redresseurs de torts chez les autres, parce qu'ils sont de mauvaise foi, parce que leur système d'oppression est doublement usurpateur, parce que leurs manœuvres en Orient et en Italie développent la corruption, la perturbation par les enfants de la fortune qu'ils lancent contre leurs rivaux dans les pays qu'ils veulent asservir ; parce que c'est révolter contre eux les esprits honnêtes et les vrais défenseurs de la religion et de l'humanité qui élèvent leurs accusations sérieuses contre les forfaits de lèse-humanité et de lèse-chrétienté en ces termes :

« Il s'agit bien d'écouter les conseils perfides et implacables des secrets ennemis des catholiques et des autres peuples faibles qu'ils veulent asservir et exploiter ; il y a devoir, au contraire, pour tout homme religieux et humain, d'accuser devant la société et le christianisme les deux potentats criminels exerçant les carnages, les martyres, les persécutions dégradantes et meurtrières dont on conserve l'histoire, pour livrer à l'infamie le nom des Tibère, des Néron, des Domitien, qui faisaient périr les milliers des hommes innocents fidèles à la foi de leurs pères. Ces enfants étouffés en Angleterre, ces familles expatriées mourant de faim en Irlande ou de froid en Sibérie ; ces malheureux insurgés que les émissaires des anglo-russes sacrifient en Orient et en Italie pour satisfaire l'orgueil et les convoitises des dominateurs impitoyables, appellent la justice de Dieu et des hommes contre les contempteurs des lois et des vertus humaines.

Ces éhontés conseillers pensent-ils que l'Europe a oublié que les Anglais, en 1829, en Céphalonie, une des îles Ioniennes où ils ne devraient exercer qu'un droit de protectorat, *firent flageller de verges sur la place publique cent quatre-vingts citoyens, et tomber la tête de vingt et un condamnés les uns au martyre ignominieux, et les autres à la mort des criminels, où des villages furent démolis;* supplices, carnage, destruction, ayant pour *motif d'apaiser le mouvement de quelques partisans de l'indépendance Ionienne !!!* D'un autre côté, la Russie peut-elle se flatter que les chrétiens, en Orient comme en Occident, ignorent les persécutions ignobles et sacriléges que l'évêque de Minsk exerça avec autant de scandale que de cruauté sur les Grecs-Unis de la Pologne ? Les sujets des États romains et des Deux-Siciles fuyent-ils leur pays natal comme les Irlandais et les Polonais ? La faim les force-t-elle à trouver leur nourriture chez les Antipodes? La tyrannie les entraîne-t-elle en Sybérie ou à Botany-Bay? Les partisans des anglo-piémontais en Italie peuvent-ils être confondus avec les véritables patriotes?

— Pourquoi cet acharnement opiniâtre de l'Angleterre contre le roi de Naples, les autres branches légitimes des Bourbons et le souverain Pontife? — Parce qu'ils sont protecteurs constants de la civilisation et du catholicisme s'opposant à la licence, à la barbarie, à l'usurpation des dominations universelles. — Pourquoi le czar Nicolas Ier répondait-il à l'ambassadeur de la Grande-Bretagne, *qu'il brûlerait jusqu'à sa dernière cartouche, plutôt que de permettre la reconstitution de l'empire bysantin et l'extension du royaume de la Grèce?* — Parce qu'un État puissant dans la Romélie, surtout mis sous la protection des grandes nations de l'Occident, lui enlèverait la conquête de Constantinople et de l'Épire, d'où les czars se promettent la soumission dans le reste de l'Europe, de l'Asie et de l'Afrique, selon les prescriptions testamentaires de Pierre le Grand, leur aïeul; parce que le nouvel État chrétien, fortifié par l'alliance des peuples civilisés, serait la garantie de l'Europe centrale et méridionale contre la barbarie conquérante de l'Orient et du Nord.

VI

Les puissantes garanties contre des plans aussi impies que criminels et subversifs des lois divines et humaines, ainsi que de l'ordre social, mettant des digues aux invasions boréales, sont les deux grands empires de la France et de l'Autriche soutenus par la Prusse, la confédération allemande, les deux Espagnes, l'Italie et la Grèce. Ces deux dernières nations n'auraient d'importance militaire, à l'égard des puissants usurpateurs, qu'autant qu'elles auraient l'appui des empereurs de l'Occident pour réorganiser les peuples Italo-Hellènes; les dégager des faux protecteurs et des usurpateurs. Dans quels incalculables malheurs ne seraient-ils pas entraînés, si la discorde, si la préoccupation de petits intérêts, de petites ambitions, donnaient encore aux invasions septentrionales l'ascendant militaire de la soladesque sur le monde civilisé, aujourd'hui que les nouveaux Normands sont plus disciplinés à la conquête; et que, bien qu'ils pratiquent la violence du glaive et la rapine du barbare, parlent le langage du droit public, se disent frères de la famille chrétienne qu'ils outragent dans son véritable chef et attaquent dans le cœur de son existence! Leurs discours sont des tissus de blasphèmes, puisque leurs actes sont inconciliables avec les prescriptions de l'Évangile et avec le droit des gens.

La France, les autres nations centrales et méridionales de l'Europe, surtout le monde catholique, ne doivent point perdre de vue les dangers imminents qui menacent les Italiens et les Grecs, dont les maux et la servitude de ces peuples s'étendront sur tout le monde civilisé et catholique, si le protestantisme, depuis plusieurs années agitant l'Italie, triomphait dans cette péninsule sur le Saint-

Père et le catholicisme ; si le czar arrivait à la conquête de Constantinople, des Gréco-Slaves des provinces danubiennes et des Hellènes. C'est de là qu'il faut repousser le chaos social, c'est de là qu'il faut défendre le vrai christianisme et le progrès humanitaire.

Les réformes fictives de l'hérétique Angleterre, arrivant aux centre de la catholicité, soldant les prédications vénales de ses innombrables sectes, étoufferont la vérité et la justice par les trompettes assourdissantes de ses journaux : elle y vomira les mensonges de l'enfer par les Luthériens et les Calvinistes, multipliera les propagandes fanatiques pour conquérir la papauté universelle à la Grande-Bretagne, pour exploiter les produits de la péninsule comme autrefois ceux des Indes-Orientales. De l'autre côté, le Russe, maître de la Romélie, agrandirait ses proportions gigantesques, depuis la mer Noire jusqu'à la mer Adriatique, depuis la mer Caspienne jusqu'à la mer Rouge, depuis la mer Baltique jusqu'à la mer Méditerranée et les deux Océans. Possédant alors les passages importants de trois grands continents, parce qu'il formera aussitôt après des armées et des marines supérieures avec les populations barbares et les marins grecs, il soumettra à sa domination, tels que des princillons, les puissants monarques de l'Orient et de l'Occident qui, avant ces débordements, étaient ses rivaux.

VII

Deux grandes gloires attendent pour couronner le héros des deux actions généreuses, bienfaisantes, pieuses, chevaleresques devant former le sujet de la nouvelle épopée évangélique et sociale. La première de ces gloires peut être obtenue par le chef de la nation très-chrétienne, appelé, par devoir même, à combattre les hérétiques anglo-russes et les mécréants, à l'exemple de ses compatriotes et de ses aïeux, tout en délivrant les nations opprimées et secondaires de la haute servitude des conquérants, tout en évitant de suivre des entreprises vaines, irréalisables, dangereuses même pour sa propre existence. Son travail doit tendre principalement à déjouer les manœuvres ennemies à sa patrie, à sa personne, à ses croyances. Il suivra donc les conseils de la sagesse, de l'intérêt national, du progrès humanitaire : 1° En défendant le Pape dans l'intégrité de ses États selon les vœux de la France, des autres nations catholiques, selon les proclamations de l'empereur ; 2° en ne permettant pas que le monde civilisé soit attaqué ou mutilé, ni que les indépendances nationales de l'Europe soient affaiblies par les usurpations barbares des Russes et des Anglais ; 3° en conservant le droit des gens et la loi évangélique, et en réprimant les oppresseurs qui emprisonnent les évêques catholiques et renouvellent les persécutions de 1793, qui se montrent contempteurs même du traité de Zurich ; 4° en empêchant de changer la domination de l'Italie *véritable* pour la faire passer sous le joug étranger des Piémontais ; 5° en corroborant les principes de stabilité dans les États par la cession des manœuvres sourdes que les diplomates voyageurs de la

Russie continuent sur les bords de Villefranche, et que les émissaires de l'Angleterre développent dans l'Italie centrale et méridionale. Il ne perdra pas de vue tous les agents des anglo-russes qui se servent des ministres piémontais comme d'instruments propres à faire passer l'ascendant politique et militaire de la France à la Russie et à la Grande-Bretagne ; 6° en se tenant à la politique nationale, chrétienne, civilisatrice, humanitaire de la France qui avait protégé la régénération des Hellènes et des autres chrétiens de l'Orient ; 7° en développant la puissance maritime de la France par l'accroissement des pyroscaphes, au nombre de cinq à six cents, pour donner à notre nation la supériorité navale sur les despotes des mers ; 8° en négociant constamment l'alliance des peuples catholiques contre la protestante Angleterre, et celle des peuples civilisés contre l'hérétique, l'absorbante conquête barbare de la Tartarie russe ; 9° en se tenant armé contre les théocraties et les dominations universelles que les Russes et les Anglais prétendent réaliser selon le système absorbant que les Turcs avaient pratiqué avant leur décadence par les crimes monstrueux, les sacriléges, la rapacité et la servitude ; 10° il ne permettra pas la spoliation odieuse, ni sur l'orphelin de Parme, ni sur les États du souverain Pontife, ni sur ceux du roi de Naples, par les agents de princes ambitieux qui réuniront les conspirateurs de tous les pays en Italie, pour y former une atroce université de réformes calvinistes et insurrectionnelles, comme autant de succursales révolutionnaires, subordonnées à l'Angleterre contre la France et le reste du monde catholique. On a assez commis de crimes sur ces souverains sans laisser multiplier d'autres scandales.

Les affreux usurpateurs du moyen âge réalisèrent dans leur personne l'absorption des pouvoirs, en développant la monstrueuse féodalité qui transformait les hommes influents, armés, vaillants en séides du principal maître absolu qui consentait à céder aux seigneurs une parcelle de la tyrannie, pourvu que *le partage du lion* accrût l'usurpation du dominateur en chef. Cette dégradation dans les masses des peuples ayant été hautement décriée, domptée dans plusieurs États de l'Europe, rencontrerait des obstacles invincibles à sa renaissance (ce serait raviver ou restaurer le cadavre de l'empire ottoman) ; cependant la Russie et l'Angleterre sont encore féodales : leur esprit d'usurpation et d'absorption théocratique change les moyens de tyrannie et de rapine, mais ne les réprouve point. Au lieu de s'associer les preux, seuls batailleurs bardés de fer, en les achetant par des fiefs, il corrompt aujourd'hui les aventuriers, les mécontents, les factieux, les affamés des divers pays contre les princes qu'il veut détrôner, contre les nations qu'il veut affaiblir ou exploiter. C'est par ces manœuvres machiavéliques que l'Angleterre révolutionnaire fomente les insurrections en France, en Espagne, en Hollande, en Italie, où il y a des échelles à usurper, du commerce à exploiter, des souverains rivaux à affaiblir, des forteresses et des royaumes à fonder, à fortifier, surtout contre la France, sa plus sérieuse, sa plus dangereuse rivale.

Si cette dernière puissance est en progrès de forces terrestres et maritimes, la Grande-Bretagne augmente d'autres plus irrésistibles mobiles pour faire chanceler ou rendre impuissants les plus formidables potentats. La politique anglaise s'est associé les Juifs pour gouverner et exploiter les richesses du monde. Ses compagnies et ses banques britanno-israélites multipliées dans les capitales des empires, dans les grandes cités et échelles commerçantes des deux hémisphères, concentrent les grands profits de l'agriculture et de l'industrie entre les mains avides, insatiables, criminelles, de ces compagnies de rapacités et de corruptions universelles. Elles possèdent les plus riches propriétés en France. Elles tiennent sous leur joug les souverains comme les peuples, parce que les premiers n'auront pas les prêts de l'opulente juiverie pour soutenir leur dignité, leurs droits, leurs guerres, s'ils ne favorisent pas la dominante convoitise ; parce que les seconds n'auront pas de travail pour gagner le pain nécessaire ; en sorte que peuples et souverains sont forcés de subir les conditions de la tyrannie métallique, aussi affreuse que celle de la féodalité. Si quelque monarque s'avise de montrer justice, morale, générosité contre la domination de la corruption et de la rapine, les conspirations sont fomentées, les masses des travailleurs et des affamés lancés contre lui, comme on les vit en 1830, en 1848 en France, lorsque ses chefs commencèrent à résister au despotisme de l'exploitation universelle, comme on les voit aujourd'hui recommencer d'autres catastrophes dans l'Italie centrale et méridionale, où l'Angleterre vise à augmenter ses exploitations à ses compagnies absorbantes ; où elle excite les peuples à l'insurrection sous prétexte que les souverains de ce pays donnèrent en 1848 des constitutions aux peuples, puis qu'ils les ont abolies.

La capitale et les autres grandes cités de la France, dira-t-on, occupent les bras des populations urbaines et rurales ; de leur côté, nos gouvernements ne permettront pas l'agrandissement de l'Angleterre en Sicile sans que Gênes, l'île de Sardaigne, peut-être aussi le royaume de Naples, soient ajoutés à notre empire. — Spéculateurs anglo-juifs et usurpateurs britanno-russes ne s'opposeront pas militairement jusqu'à ce que la Grande-Bretagne ait sapé le catholicisme, ainsi que le royaume de Naples en Italie, que le droit des nations soit évidemment détruit par ces partages de nations. Alors elle se tournera vers les signataires des traités de 1815, qu'elle trouvera empressés de réunir leurs armées contre la France. Ce moyen peut seul la délivrer de la supériorité militaire qui la menace, comme un glaive de Damoclès suspendu sur sa tête, depuis que l'accroissement des pyroscaphes donne à la marine française l'ascendant sur celle de l'Angleterre.

Quant aux éventualités des nouvelles coalitions, la Grande-Bretagne, mettant encore à sa solde les armées des coalisés, se flatte que ses usurpations en Sicile et dans les autres échelles de l'Italie, lui en seront assurées par ses flottes comme en 1815, celles dans les îles Ioniennes. Cette fois aussi lui restera l'empire absolu des mers. D'ailleurs, les vainqueurs ne manqueront pas de se partager la France, puisque le système Napoléonien, disent-elles, se renouvelle en Europe. Voilà des avertissements à nos hommes d'État pour déjouer en Italie les manœuvres des deux grands aspirants à la domination universelle, des deux hérétiques théocrates, ennemis implacables, publiquement déclarés du catholicisme, et ennemis secrets de la supériorité militaire de la France ; voilà la première gloire réservée au génie politique qui saura faire triompher le droit des nations, des lois évangéliques, l'intérêt social contre les conspirateurs, les tyrans et les déprédateurs.

VIII

La seconde gloire pour le héros chrétien, civilisé, défenseur des peuples opprimés, martyrs, fidèles au christianisme et au progrès social, est la délivrance réelle, complète des chrétiens de l'Orient, des terres classiques de la prédication évangélique et civilisatrice. Y maintenir la barbarie et l'usurpation arabo-turque ou permettre qu'elles soient remplacées par les conquêtes non moins tyranniques et asservissantes des Russes, c'est toujours la continuation de l'oppression, de l'asservissement, de la rapacité par la force brutale du glaive. La loi évangélique et le droit des gens y seraient toujours dérisoirs pour les grands potentats.

Ces usurpateurs détruisant la loi de l'Évangile seront les antéchrists, selon saint Jean ; ils seront également des larrons destructeurs du droit des gens, des barbares dévastateurs des principes sociaux.

En vain le progrès de l'esprit humain ferait-il quelques pas dans le cercle étroit d'une nation, ses bienfaits seraient bornés, si les grandes régions du globe, les plus riches pays du monde étaient condamnés à la barbarie, à l'oppression, au fanatisme, à l'occupation d'une soldatesque menaçante pour les peuples industrieux et paisibles. Que de bienfaits le monde civilisé et chrétien recevaient, lorsque ces terres étaient cultivées par les Grecs ! Mais que de malheurs n'accablent-ils pas la chrétienté depuis que les barbares y ont campé leur indolence, leur férocité, leurs profanations renaissantes dans les églises ! N'est-il pas temps de rendre Sainte-Sophie aux Grecs de Constantinople ?

La France et les autres nations policées doivent se rappeler les services immenses que les Grecs anciens et modernes ont rendus au monde civilisé par leurs savants, leurs héros et leurs patriarches. Les uns consacrèrent leur vie à détruire l'ignorance, les autres à repousser loin de l'Europe les servitudes et les déprédations asiatiques ; ceux-ci à fonder des monuments civilisateurs, ceux-là à faire triompher dans les conciles de Nicée et de Constantinople les véritables révélations du Dieu fait homme, pour que la parole divine fût dégagée des erreurs humaines, pour que les générations des familles évangéliques obtinssent le bonheur dont l'homme est susceptible dans ce monde et dans l'autre.

Si la crédulité erronée ne répétait pas les apologies mensongères des spoliateurs, on trouverait la nation grecque héroïque, militante, ingénieuse à créer, à conserver les fondations des félicités humaines. On rend hommage aux anciens Hellènes, on célèbre avec exaltation leur génie inventif et guerrier ; mais des esprits coupables et rapaces se sont efforcés à ternir les grands caractères des empereurs chrétiens de Constantinople. Cependant plusieurs d'entre eux surpassent les Charlemagne et les Louis IX en héroïsme, en sainteté, en bienfaisance. Des faits incontestables montrent un de ces héros vainqueur des quatre barbaries formidables qui attaquaient à la fois l'empire chrétien pendant le XIe siècle. Il revenait dans sa capitale victorieux des arabo-turcs, des Russes et des fiers Normands, après avoir taillé en pièces six cent mille Schytes, mis en fuite les armées normandes de Robert Guiscard et des Musulmans, dont la valeur et les armées innombrables étaient l'effroi de la chrétienté. Le fils de ce vaillant capitaine, victorieux *dans cent batailles*, conservait également au genre humain et au christianisme le progrès de la civilisation, et les écoles régénératrices devant plus tard servir de modèles aux fondations de l'Europe civilisée. Les établissements du premier sur les rives du Bosphore, les vertus évangéliques du second, au milieu des pompes orientales que ses compatriotes lui avaient préparées pour célébrer son retour et ses brillantes victoires, démontrent en lui le véritable esprit de l'Évangile, le véritable héros chrétien.

L'historien Poujoulat raconte que Caloïan, arrivé sous l'arc préparé à célébrer les victoires de cet empereur, et à monter sur le char triomphal que ses sujets lui avaient destiné, selon le cérémonial des Romains, y fit placer la statue de Notre-Dame, la *Panagia*, et continuant sa marche humblement à côté de ce char, il entra dans Sainte-Sophie avec son cortége, pour chanter l'hymne de la reconnaissance au Souverain dispensateur des victoires et à la Reine des anges. Quel contraste avec les hérétiques et les impies tournant leurs armes contre le vicaire de notre Rédempteur, et s'efforçant à proclamer dans la capitale de la catholicité la licence des incrédules; et les persécuteurs des prêtres, à l'instigation des hérétiques, portant l'insurrection dans le centre de la civilisation en vue de détruire le catholicisme, et annuler plus tard la supériorité militaire de la France très-chrétienne!

Les établissements des Invalides, de l'Académie, des Musées du monde civilisé sont des faibles imitations des fondations évangéliques et civilisatrices que les héroïques et pieux empereurs bysantins fondaient et conservaient pour le perfectionnement de l'humanité et des arts, pour la propagation de la foi régénératrice et des sciences utiles. Les historiens Lobeau et Poujoulat ne sont pas des écrivains suspects dans les faits qu'ils confirment sur les travaux et la vaillance d'Alexis et de Jean Comnène. Je ne signale pas ici la magnanimité de leur caractère, parce que leur sang coule dans mes veines, ni parce qu'une oppression cruelle m'opprime sous l'influence des usurpateurs, qui se disputent le patrimoine des Grecs; mais parce que leur génie pieux, bienfaisant, civilisateur, offre à l'imitation du bien les exemples aux vrais chrétiens, qui sont appelés à défendre la civilisation et la loi évangélique contre la barbarie usurpatrice et la licence sacrilége des perturbateurs; parce que, à leur exemple, j'ai provoqué en 1825 l'expédition française qui a expulsé la barbarie, l'usurpation et la piraterie ottomane d'une partie de la Grèce et de l'Afrique septentrionale ; parce que, à leur exemple, j'appelle également les vrais chrétiens et les conservateurs de la civilisation à repousser la barbarie moderne des dominations universelles qui menacent l'Europe (1) et couvrent de cadavres les lieux sacrés de la Palestine.

J'ajouterai ici que ce serait manquer à l'estime due à la haute intelligence du monde civilisé de l'Europe que de la croire capable de confondre les Grecs proprement dits, avec les Russes qui s'efforcent à usurper cette qualité depuis qu'ils ont adopté une partie de la religion orthodoxe, prétendant, par ce lien, s'approprier aussi les droits des Grecs sur Constantinople.

Qu'il me soit permis de rappeler que les Grecs de la Corse, eux aussi, sont également animés de l'esprit salutaire de leurs ancêtres. Dirigés par mes parents, ils ont introduit en cette île les bienfaits de l'agriculture et commencé à Paonia, à Ajaccio, à Cargèse la civilisation insulaire. Cette colonie grecque fit un riche apanage au comte de Marbeuf, premier gouverneur français en cette île, sur le territoire hellénique de Cargèse. Ce fut de là que sortit l'appui de l'Etat pour donner aux Bonaparte l'éducation française qui prépara leur haute fortune, si gigantesquement agrandie en puissance et en richesses.

On peut dire que le génie bienfaisant de la Grèce, arrivant aussi au pays inculte de la Corse, y donna l'exemple de l'activité profitable à la patrie, en enseignant à faire un meilleur usage du courage si remarquable chez ces insulaires. Au lieu d'employer leurs armes à y soutenir la domination éloignée d'une nation hérétique, ces Grecs-Unis formèrent en 1748 jusqu'en 1769, l'avant-garde de l'armée française pour dissiper les bandes des dissidents paolistes retranchés sur les hautes montagnes. Ils y montrèrent autant de courage militaire que de discernement politique, afin d'y empêcher la domination anglaise et d'y assurer celle de la France. Ce n'est pas trop dire que d'avancer que la France doit cette conquête à cette colonie grecque. Des guerres meurtrières soutenues sur le continent contre l'Autriche et l'Angleterre, des maladies pestilentielles dont la contagion dominante était la petite vérole, désolaient les armées françaises sur le continent et en Corse. Le découragement avait assombri l'État ; les Anglais allaient l'emporter sur le terrain corse où leurs partisans tenaient les gorges des montagnes et les passages des forêts. Le bataillon spartiate les ouvrait à l'armée royale.

Nicolas Stephanopoli, personnage de vertu et de talent, appelé *père de la patrie* pour avoir introduit l'inoculation de la petite vérole, qui préserva les insulaires de cette peste meurtrière, fut élu par l'assemblée de Mezzana et par la cour de Versailles, commissaire conciliateur entre les parties belligérantes. Il eut le bonheur de persuader les Corses dissidents de se ranger sous le drapeau

(1) Ce ne fut pas Pierre l'Ermite de Normandie qui provoqua, le premier, les croisades du xie siècle pour préserver le monde chrétien de la domination universelle des mahométans ; mais l'empereur Alexis Comnène. Ce fait est prouvé par la lettre de ce monarque au roi de France, document inséré dans l'*Alexiade* et les travaux historiques de M. Poujoulat.

du roi très-chrétien et de sauver les enfants de ses nouveaux compatriotes. Il aurait également sauvé la vie de Louis XV, atteint de cette contagion homicide, s'il avait été à la cour de Versailles. Les représentants de ce pays écartèrent de la justice nationale ce Grec qui avait bien mérité de la patrie et de l'humanité, comme ils continuent encore à étouffer tout autre hellène ravivant le génie bienfaisant de ses ancêtres, surtout les restes de cette colonie, à laquelle on refuse protection et subsides à son culte, à l'enseignement de ses enfants qui avaient été mis sous la direction d'un aveugle-né : oppression monstrueuse ! qui me forçait à accuser successivement devant les chambres le préfet et l'évêque de ce département.

J'ai suivi l'exemple salutaire de mes aïeux avec désintéressement, zèle, fidélité, avec dévouement à notre religion, à notre patrie, au progrès social, sans en dévier, à travers les persécutions et le dénûment entier de fortune, vendant les objets de petite valeur, les matelas même de mon lit, les seuls objets de quelque valeur que je possédais, pour imprimer les brochures qui obtinrent de si importants avantages pour la France, la Corse et la Grèce. Les expéditions que j'ai provoquées contre les Mahométans et les Russes, commencèrent cette suite de victoires et de progrès politiques qui ont donné l'ascendant à notre diplomatie sur les bords de la Méditerranée, où brilla davantage l'éclatant héroïsme de nos armées. Loin d'avoir reçu la moindre récompense de mes services qui ont bien mérité de la patrie, même du genre humain, j'ai subi l'oppression de ministres injustes, déloyaux et cruels, qui, cédant a l'influence des étrangers, à laquelle ils sacrifiaient les droits des Grecs, même les hauts intérêts de la France, m'enlevèrent brutalement ce qui était dû et *officiellement promis* à mes travaux. J'appelle l'attention du lecteur sur la réponse ministérielle suivante faite à mes plans de colonisation et à mes vues politiques sur l'Orient, document positif qui est une des preuves péremptoires de ce que j'ai écrit, et qui se rattache aux déviations des dépositaires du pouvoir en France, aux catastatrophes de 1830 :

« Paris, le 6 septembre 1825.

« J'ai reçu, Monsieur, le mémoire que vous me faites l'honneur de m'adres-
« ser. Ce travail présente un double intérêt, et sous le point de vue de la nature
« de son objet, et sous celui des connaissances qu'il suppose ; mais ces connais-
« sances ne sont qu'indiquées, il faudrait, pour apprécier le mérite de ce plan,
« des informations étendues et précises sur l'ancienne colonie grecque établie
« en Corse, sur son origine, ses progrès et son état actuel. Les obstacles qu'elle
« a eu à vaincre doivent faire prévoir ceux qu'une colonisation tentée sur une
« plus grande échelle aurait à surmonter pour donner à la France les résultats
« qu'on pourrait attendre de son établissement. Il y a enfin, sur les moyens, sur
« les besoins, sur les produits actuels du pays, une foule d'observations, de
« faits qui manquent à votre travail. Je ne puis, Monsieur, que vous engager

« à profiter des loisirs de votre congé (1), pour vous livrer aux recherches né-
« cessaires pour le compléter. Je le lirai avec un véritable intérêt, et si j'y
« trouve, comme je l'espère, un motif pour rendre au roi un compte favorable
« de vos talents comme de votre zèle, je me ferai un plaisir d'appeler sur vous
« l'honneur de son choix pour l'un des emplois de mon ministère que vous
« ambitionnez d'obtenir.

« Recevez, Monsieur, etc.

« *Signé :* Le baron DE DAMAS,
« alors ministre des affaires étrangères. »

Je complétai ce travail qui, répondant à l'attente du ministère, fut adopté par
le conseil du roi. Le comte d'Hauterive, alors directeur de la chancellerie et du
personnel dans le département des affaires étrangères, m'invita à le publier,
avec promesse que le ministère couvrirait les frais de l'impression. Ecoutez,
lecteur, et jugez de la loyauté et de la justice pratiquées envers moi ! Tandis
que les journaux faisaient retentir des louanges au jeune diplomate qui faisait
triompher, par ce travail important, la cause de la France, du Christianisme et
de l'humanité, en préparant d'immenses avantages à sa patrie, sur les bords de
la Méditerranée, quelle ne fut pas ma stupeur en me présentant à l'audience
de M. le baron de Damas, lorsque j'entendis ces paroles d'iniquité et de fureur :
*A dater du 1ᵉʳ janvier vous ne ferez plus partie du ministère des affaires
étrangères, et votre traitement sera supprimé.* Je voulus lui faire quelques
observations ; il m'interrompit brusquement et ajouta rapidement : *Sachez,
Monsieur, que lorsque je veux une chose, il faut que ce soit comme ça.* Puis,
tourna le dos et entra dans la pièce du cabinet. La lettre de destitution ne tarda
pas à m'arriver.

Je dus, dans mon dénûment complet, me soumettre à solder la dépense de
mille francs, que m'avait occasionnée la publication d'un travail si utile à la
patrie ; travail très-important dans ses résultats, puisqu'il commençait la renaissance de la civilisation en Orient et sur les bords de la Méditerranée ; puisqu'il déconcertait les projets usurpateurs de la Russie ; puisqu'il donnait sur
les rives de ce bassin le mouvement ascendant à nos colonies et à notre marine, dont le développement agrandit la France.

J'étais trop fidèle aux intérêts de mon pays, à ceux de l'humanité et de la
religion, pour soupçonner qu'ils seraient trahis aveuglément ou sciemment par
les ministres qui en étaient dépositaires. Cependant, j'entendis à cette occa-
sion des hommes les plus élevés en intelligence politique dire : *Misérables !
est-ce ainsi qu'ils savent se faire respecter !* Ces personnes de talent et de
vertu m'apprirent successivement que M. de Damas avait été au service des
czars, qu'il avait établi une chapelle au ministère des affaires étrangères pour

(1) M. de Châteaubriand m'avait attaché à une des principales légations de France, en
qualité d'élève d'ambassade. On nommait alors ainsi les gentilshommes destinés à suivre
la carrière diplomatique.

y entendre la messe tous les jours et communier tous les dimanches ; que son successeur au même ministère, M. le comte de La Ferronnaye, venait de quitter l'ambassade de France en Russie, pour faire partie du nouveau conseil remplaçant celui qui avait été présidé par M. le comte de Villèle. On ne devait, par conséquent, attendre rien de bon de ces ministres, assez imprévoyants ou assez coupables, qu'on appelait Cosaques, l'un sombre, espèce d'illuminé et cruel, l'autre consentant à l'ambition subersive des Russes, par les traités secrets de partages barbares, introduisant en Orient, sur l'ancien patrimoine des Grecs, le conquérant du Nord, en échange pour la France d'une bande de terre sur nos frontières aux bords du Rhin.

Comment passer sous silence des faits si injustes, si ruineux, si subversifs des lois divines et humaines, quand ils furent les principales causes des catastrophes de notre pays, en enfantant le chaos des dix-huit ans de l'usurpation orléaniste qui développe la licence de la Russie et de l'Angleterre par des atteintes perturbatrices et effrayantes contre la civilisation, le catholicisme et le progrès social ? Comment ne pas prévenir les hommes de bonne foi et de patriotisme sincère contre les noms et les actes que nous venons de raconter, ainsi que contre ceux des Sébastiani, des Guizot et des autres ministres dont l'incapacité ou la culpabilité politique jeta la confusion dans les principes du Christianisme et du droit public, en ouvrant la porte de l'usurpation, de l'asservissement et de la rapine ; chaos et conflits tant désirés par les théocraties, secrètement hostiles à la France, jetant la perturbation dans l'Europe centrale et favorisant les dominations universelles, projetées par la Russie et l'Angleterre ? M. Guizot, ministre des affaires étrangères, répondait par une lettre à M. Larabit qui lui envoya, à mon insu, un de mes écrits, *que mon mémoire contenait des idées et des vues que toute bonne politique française peut et doit suivre.* Pourquoi a-t-il pratiqué un système de perdition ? C'est en méditant sur les moyens de prévenir les malheurs que l'absorption britannique et moscovite prépare à la société, que j'ai sans cesse fait appel aux gardiens de nos destinées et que je continue à signaler les principales perturbations de l'Orient et de l'Occident de notre temps qui menacent notre religion et notre patrie.

IX

L'habileté de la perfidie allait plus loin contre moi : les protégés de Sébastiani et des autres séides de Louis-Philippe jetaient sur moi ce qu'ils débitaient contre les royalistes. Plus tard ils rappelaient mes brochures et mes feuilles qui se vendaient à centaines de milliers, comme causes puissantes des changements politiques. Eh bien, n'ai-je pas toujours défendu le Christianisme, les intérêts du peuple et de la patrie, sans jamais attaquer ni les princes, ni les nobles, ni les Corses, ni les Grecs, ni les Français, quoique je ne leur dusse qu'oubli et

injustice, bien qu'ils eussent profité de mes travaux, quoique je les eusse aver-
tis des malheurs qui les menaçaient, quoique la justesse de mes avertissements
ait été prouvée par les décomptes et les catastrophes? Si j'avais été hostile aux
Corses, je n'eusse pas affronté la pauvreté et les périls pour défendre leurs intérêts essentiels, mais j'eusse accepté la direction de la Corse, à condition de
ne plus attaquer les Verrès de cette époque; si j'avais été ennemi des Bonaparte,
je n'eusse pas écarté la mort de la personne de Louis Bonaparte, aujourd'hui
empereur, lorsqu'il était simple citoyen arrivé à Paris, et que le meurtre était
sûr de l'atteindre.

Oui, mes feuilles prévenaient le peuple contre les *aristots*, mais je prévenais
que ces aristots étaient les compagnies des anglo-juifs financiers, spéculateurs,
possédant les propriétés les plus productives, concentrant dans leurs coffres
l'argent de l'univers, prétendant dominer les souverains pour exploiter leurs
pays, se promettant de maîtriser même le chef de la France pour le tenir sous
l'influence de l'Angleterre, se plaçant entre les gouvernements et les travailleurs
pour tenir sous l'influence despotique des *prêts métalliques* les plus grands potentats comme les masses des prolétaires par le refus des emprunts et du travail,
s'habituant à faire des révolutions et contre les princes et contre les sujets,
toutes les fois que l'avidité de ces compagnies absorbantes n'était pas satisfaite.
Loin de m'en repentir, je crois de mon devoir d'en avertir le chef de l'État et
le peuple, afin que l'un et l'autre ne puissent, à l'avenir, en être victimes;
parce qu'alors comme aujourdhui j'avais la conviction que ces compagnies
absorbantes élèvent la cherté des substances, de manière à rendre pénible la
vie des masses ouvrières, et les faire esclaves, soldats même insurrectionnels
des anglo-juifs.

Je défendais alors les peuples soulevés en face de l'usurpation monstrueuse
des habiles ou autres usurpateurs, intrus et rapaces, qu'ils fussent Autrichiens,
anglo-russes ou Turcs; je m'efforçais à éclaircir les questions politiques et
religieuses en face des principes de l'Évangile et des pratiques de la primitive
église contre les usurpations des pouvoirs temporels et spirituels qu'elles fussent développées en Italie, en Allemagne, en Irlande, en Pologne, en Grèce,
en Angleterre ou en Russie; mais j'expliquais que les anglo-russes ne pou-
vaient accuser le souverain Pontife d'avoir usurpé le pouvoir temporel, avant
qu'ils eussent renoncé aux scandaleuses, continuelles, insatiables et monstrueuses usurpations qu'ils développaient d'une manière effrayante dans l'ordre
temporel et *spirituel;* mais, quelques jours avant le 24 février 1848, je pro-
voquai auprès des chefs *des banquets politiques les ordres de ne faire aucune
insulte, ni à la croix, ni aux prêtres par les insurgés;* ce qui fut exécuté.
Les usurpations subversives constituaient ces *théocrates,* contempteurs des lois
divines et humaines, puisque leur système de domination universelle était in-
conciliable avec l'esprit de l'Évangile et le droit des gens. Je réclamais hautement
contre le pouvoir du sabre, contre les conventions concertées lors du traité
de juillet (1840), parce que ce traité en excluait la France et tendait à diviser
les peuples tels que des troupeaux; puisqu'à cette époque, en 1843 et 1854,

je m'exprimais de la manière suivante contre les grands tyrans qui préfèrent le partage des peuples faibles de l'Orient et de l'Occident :

« .... L'intérêt de l'humanité entière provoque une alliance contre le septentrion. On a répété qu'il faudrait s'entendre avec la Russie pour lui abandonner l'Orient, en obtenant pour la France les provinces du Rhin. Que ferait-on des droits des nations, s'il était permis à deux grandes puissances d'imposer silence à la justice pour se diviser les peuples comme des troupeaux ? Eh quoi ! notre nation civilisatrice, humanitaire, éminemment généreuse et chrétienne ! notre nation, l'espérance des peuples opprimés, renverserait d'un seul coup ses principes pour s'appuyer sur le glaive puissant du Cosaque, qui lui permettrait d'arrondir son territoire par quelques provinces ; tandis que lui, insatiable conquérant, pourrait assouvir toutes ses convoitises avec l'empire et les dépouilles des peuples faibles ? Comment la France serait-elle alors la nation la plus civilisée du monde et pourrait-elle continuer la mission d'éclairer les peuples par l'élévation de ses doctrines, lorsque, par la ruse ou la force concertées avec les barbares, elle imposerait sa volonté à ceux qu'elle forcerait de la supporter ? Ce moyen est turc, cosaque, tyrannique ; et la France ne peut l'employer sans détruire ses intérêts moraux qu'elle doit préférer aux avantages matériels. Qu'elle cherche à étendre ses limites par des moyens légitimes, personne plus que nous ne désire son agrandissement ; mais l'obtenir par la tyrannie sur les infortunées populations qui attendent son appui pour recouvrer leur délivrance ; oh ! non, la France n'abdiquera pas son caractère de loyauté et de magnanimité, pour tomber dans les perfidies du machiavélisme (1). »

Mais deux autres questions importantes et particulières surgissent en Italie, pour modifier la thèse de l'équité naturelle et évangélique : ce sont le patrimoine reconnu nécessaire au souverain Pontife et la délivrance de l'Italie du joug étranger. Pourquoi, dit-on, cette charge doit-elle entièrement peser sur les populations de la partie centrale de la Péninsule ? Pourquoi une autre partie de cette contrée doit-elle rester sous la domination ou sous l'influence de l'Autriche ? — La première question ne peut être résolue selon l'équité qu'en faisant contribuer les nations catholiques à un apanage équivalent au chef de l'Église, la solution de l'autre question ne saurait être raisonnablement provoquée qu'autant qu'elle donnerait réellement la délivrance réelle de cette contrée de l'Italie, mais non de lui faire changer de joug en forçant ses populations de se soumettre à la domination des Piémontais qui, comme il a été déjà prouvé, ne sont pas les véritables Italiens.

Si l'on fait abstraction du temps dans le nombre plus ou moins grand des siècles, les souverains de Naples et de Parme sont aussi Italiens que les descendants des Enotriens, d'Italus, d'Enée et des générations centrales de la Péninsule, et que les autres générations des colonies grecques qui composent les

---

(1) *Résurrection de la liberté grecque*, par M. S. de Comnène, p. 21 et 22.

populations de la Sicile et de l'Italie méridionale. L'argument, les preuves de mes assertions sont péremptoires, puisque ces princes sont nés dans leurs États respectifs et qu'ils n'ont d'autre religion, d'autres intérêts que ceux de leur commune patrie. Mais, plus que tout cela : les spolier pour les faire passer sous le joug étranger des Piémontais, à l'instigation de l'Angleterre ou de la Russie, se servant de l'ambition piémontaise, des factions soldées ou protégées de ces deux puissances, pour bouleverser le droit public de l'Europe centrale, pour déconsidérer le Pape, annuler le catholicisme en vue d'occuper ou de paralyser la supériorité militaire de la France et l'ascendant des doctrines catholiques chez les peuples les plus civilisés du monde, c'est ouvrir les portes à la force brutale du glaive, à toutes les barbaries, à la piraterie des corsaires organisés en flottes, puisque le droit des gens et la loi évangélique ne sont plus respectés ni par le partage déjà pratiqué en Pologne, ni par celui que les Anglais et les Piémontais se promettent en Italie. Tout bon citoyen, défenseur des lois divines et humaines, est donc appelé par devoir à protester contre un tel renversement des garanties sociales.

X

Ma voix devrait être écoutée par mes concitoyens, mes compatriotes et mes coréligionnaires, par les peuples civilisés et opprimés, parce que je puis prouver, par mes paroles et mes actions, que j'ai hérité de l'esprit bienfaisant de ma nation et de l'Évangile : j'ai, en effet, provoqué les améliorations de la Corse, mon pays natal; je lui ai conservé ses forêts et ses biens communaux par les succès de mes pétitions et de mes ouvrages contre la rapacité des proconsuls et des compagnies spoliatrices de ce pays (1). Mes plans de colonisations et mes vues politiques ont entraîné la France à sauver la Grèce et à faire la conquête de l'Algérie. Ces heureuses expéditions lui ont donné l'ascendant politique et militaire sur les bords de la Méditerranée. J'ai provoqué, en 1854, la guerre contre les Russes pour les empêcher d'écraser l'Europe méridionale et occidentale; je n'ai cessé de conseiller à la France, depuis 1840, de construire cinq cents bateaux à vapeur pour annuler le despotisme maritime des Anglais.

Les influences de ces ambitieux m'ont fait mettre hors la protection nationale, tant je suis écarté de la justice distributive de ma patrie; mais je m'en console en voyant que les projets anglo-russes de domination universelle sont jusqu'à présent déconcertés. Mes vues politiques sur ces hautes questions sont

(1) Les journaux ont, ces derniers jours, annoncé que le gouvernement établit en cette île des compagnies pénitentiaires pour l'exploitation des terres insalubres et incultes. J'ai provoqué ces établissements quand il s'est agi d'éloigner des bagnes les condamnés aux travaux forcés. J'espère que nos gouvernants pratiqueront aussi pour ce pays les améliorations que j'ai indiquées, s'ils veulent réellement extraire les richesses qu'il renferme.

devenues populaires, tandis qu'auparavant on n'osait pas conseiller ces moyens de salut et d'indépendance, tant on craignait de déplaire à l'impérieuse Russie jusqu'en 1830, tant on flattait l'outrecuidance et l'intérêt britanniques pendant le règne de l'usurpation orléaniste. L'Anglais ne met plus son *veto* à l'accroissement de la marine française. La Russie a vu qu'elle peut être domptée comme la Turquie, si quelque imprévoyante négociation ne renouvelle pas les traités secrets de 1828 et 1829. Mes vues politiques ont triomphé des résistances anglo-russes, en mettant en demeure, même dans l'inquiétude, les rivales gigantesques de la France. Je rappelle ces faits sans jactance, et uniquement dans le but de disposer mes compatriotes et les autres peuples indépendants à persister sur cette voie, s'ils veulent améliorer leur sort sans tomber sous le joug des deux nations absorbantes ; s'ils ont horreur du sang des catholiques que les ennemis secrets, implacables de notre religion et de notre patrie font verser en Palestine et en Italie.

J'ai toujours travaillé en faveur des hommes faibles, pauvres et asservis. Les champs de miséricorde d'où s'élèvent les lamentations des martyrs contre les monstrueux arabo-turcs, les anglais et les russes, sont la Turquie, les îles Ioniennes, l'Irlande, la Pologne, la Sibérie. Le grand scandale de notre temps serait que notre voix ne pût défendre leurs victimes, et que le cynisme des oppresseurs trouvât un prétexte de réformes salutaires chez les États italiens et les provinces de l'ancien patrimoine des Grecs, pour y introduire leur usurpation et leur tyrannie, afin que la théocratie protestante y centralisât la contagion religieuse en Occident ; et que la théocratie tartare du schisme remplaçât en Orient sur les terres classiques de la civilisation et de la prédication évangélique l'autre théocratie monstrueuse des Mahométans, que le progrès social de l'Europe, réveillé chez les héroïques Hellènes, allait dompter entièrement pour les expulser loin de l'Europe. *Super flumina Babylonis flevimus.* Notre position serait encore plus lamentable que celle des anciens Israélites pendant la captivité de Babylone : car non-seulement le pays de nos pères serait possédé par les usurpateurs ; mais, dans notre nouvelle patrie, où les sciences et les croyances de nos ancêtres ont élevé si haut les prospérités de nos autres compatriotes, où nos travaux ont si puissamment contribué à donner plus d'ascendant à leur puissance, ce serait sur nous que s'aggraverait le plus cruellement l'oppression. Y aurait-il injustice plus révoltante que celle des Billault, des Magne, des Thouvenel, de nos concitoyens, les uns ministres, les autres parvenus aux plus hautes positions sociales sur la voie que nous avons ouverte, s'ils nous empêchaient de dire des vérités utiles à notre patrie ! Ils m'ont vu travailler au triomphe de la cause française ; ils ne doivent pas ignorer que mes pétitions aux chambres avaient agrandi en 1847 cette opposition considérable que, trouvant un levier puissant dans les banquets politiques, nous pûmes délivrer le trône des larrons et des habiles usurpateurs. La justice est pour nous : ils doivent nous la rendre, puisqu'ils en sont devenus les organes.

XI

Nous parlons avec la conviction que la médiation de Dieu et des hommes arrivera pour faire triompher la cause des nations opprimées et du catholicisme traqué en Italie dans la personne de ses pontifes. Nous ne pouvons pas croire que le chef de la nation très-chrétienne unisse sa puissance ou son influence aux hérétiques (1) et aux perturbateurs de l'Angleterre et de la Russie pour renouveler des concessions, des traités, des coercitions qui ont été si funestes aux chefs de la France. Les réformes, imposées au souverain Pontife, au sultan même, provoquées par les ennemis secrets du catholicisme et par les conquérants du Nord, dont l'un se sert des Fanariotes pour usurper le patrimoine des Grecs, en s'efforçant à se mettre à la place des Turcs ; dont l'autre protége des ambitieux, des aventuriers, des factieux, pour s'emparer des échelles les plus riches de la Méditerranée ; déclarons-le hautement, ces réformes fictives sont des piéges dressés aux souverains faibles. Elles sont même si dangereuses aux autres monarques qu'elles devraient persuader les autres catholiques et les autres conservateurs des indépendances nationales à sauver leur existence par la répression des nouveaux Domitien et des conquérants cyniques de la grande usurpation, de la vaste conspiration.

Les condottieri, mus et soldés par l'or britannique, excitant les bandes insurgées à écraser les prêtres italiens avec les moellons des rues, les faisant déjà massacrer en Orient, soufflant l'esprit infernal de la terreur, qui rendit si néfastes au progrès social les jours des 2 et 3 septembre en 1793, ne sont pas animés de l'esprit pieux et patriotique de l'Italie. On y aperçoit l'Angleterre avec son fanatisme protestant, avec ses cupidités commerciales, avec sa fureur et son orgueil théocratique. Les protégés des clubs britanniques ont soulevé l'indignation des véritables Italiens et des hommes généreux, du jour que les proclamations impies ont forcé la résistance et l'anathème des Pontifes à manifester les sentiments de la chrétienté contre les perturbateurs, et à faire éclater les foudres spirituelles de l'Église contre les profanateurs du catholicisme, contre les mains criminelles qui enchaînent et frappent les ministres des autels. Ne faudrait-il pas aussi excommunier ces langues sacriléges, assez démoralisées dans l'impiété cynique et dans la vénalité corrompue par l'or étranger, qui élèvent leur voix infâme contre les nobles chevaliers du vrai Christianisme, sans épargner même les généraux de Goyon et de Lamoricière, d'accord sur le devoir catholique de défendre les États du Saint-Père, quoique désunis par le drapeau de leur armée ? N'ont-ils pas assez de discernement pour démêler la cause de l'indépendance italienne des grandes et petites usur-

---

(1) Les czars sont hérétiques vis-à-vis les orthodoxes grecs depuis qu'ils sont devenus chefs de leur clergé comme de leur armée.

pations, se manifestant et se préparant à Londres, se pratiquant en Italie par le renversement des lois divines et humaines? N'ont-ils pas assez de raison pour comprendre qu'ils s'assimilent à Judas, en recevant les deniers de l'Angleterre protestante, de la Russie et de la Turquie, pour décrier le vicaire de Jésus-Christ, et animer les nouveaux Caïphes à écraser ou crucifier les prêtres? *Tolle! tolle! Crucifige! crucifige!* Voilà les nouveaux antechrists, les âmes vendues à Satan, recevant l'argent et les apanages de la part des païens auxquels ils ont prêté leur voix sacrilége, telle que la trompette du Tartare, réunissant les esprits réprouvés à la destruction du règne de Jésus-Christ et de la justice internationale.

D'un autre côté, il faudrait être bien imprévoyant ou bien criminellement vendu aux conquérants corrupteurs et rapaces, pour ne pas voir la politique moscovite dans les troubles de cette péninsule et des provinces danubiennes et du Liban. L'opposition fictive des Russes à la politique piémontaise ressemble à une comédie jouée par des acteurs habiles : la concession de Villefranche aux stations de la marine moscovite par la cour de Turin, est un fait péremptoire qui donne un démenti aux supercheries des feuilles russolâtres, protestantes et allobroges. Toutes fomentent, par des insinuations perfides, les incendies insurrectionnels dans l'Italie, toutes sèment la discorde entre les grands empires de l'Europe centrale, toutes accroissent les embarras politiques entre les nations catholiques, les États secondaires et faibles, toutes voudraient achever la confusion des principes sociaux, pour que les usurpateurs pussent se satisfaire sans être entravés par le droit des gens et la loi évangélique. Si telle n'est pas leur arrière-pensée, pourquoi ne se déclarent-ils pas clairement sur ces questions pourtant si universellement inquiétantes? L'espérance de recueillir les ruines des prochains et croissants désastres animent les acteurs de premier et de second ordre dans ces drames révolutionnaires, comme si la justice de Dieu et des hommes ne pouvait plus les atteindre dans le degré élevé de puissance et de richesses où ils se voyent placés.

Cependant les avertissements du ciel et de l'histoire sont sérieux et sévères, dans ce siècle si remarquable par les catastrophes sociales, par les réapparitions des géants, des monstres et des héros. Que sont devenus, en fin d'audace, de cruauté et de cynisme, les Marat et les Robespierre, les assassins des prêtres, les autres contempteurs de l'Evangile et du droit des gens? Quand Dieu, par plus de châtiments, a-t-il solennellement déclaré sa justice souveraine en déchaînant les éléments qui brisèrent sur les rives de la Crimée l'orgueil de la Russie et de l'Angleterre, se croyant indomptables depuis la bataille de Waterloo, en 1815? Quels furent les tristes effets en astuce diplomatique de Capodistrias et de Pozzo-di-Borgo, s'efforçant à faire triompher en Grèce, comme dans le reste de l'Orient et de l'Occident, la domination absorbante de la Russie? Quels yeux ne se détournent avec dédain pour ne pas voir les monstrueuses, pâles, tristes figures des Louis-Philippe, Sébastiani, Guizot, de ces autres dévastateurs de l'œuvre sociale et évangélique, s'abaissant aux exigences de l'impérieuse Angleterre, quoique placée, par ses absorptions tyranniques, en dehors des lois divines et humaines ? Ces naufrages lamentables, ces aveugles dépositaires des pouvoirs, ces usurpateurs si criminels par la rapacité et l'ambition effrénées, rappellent ces salutaires paroles des saints livres : *Et nunc, reges, intelligite, erudimini, omnes qui judicatis terram* (1). Ces avertissements du prophète royal ne sauraient être assez médités pour l'instruction des puissants de ce monde, afin que la cruauté et la déprédation ne défigurent pas le caractère humain, pour que l'avidité sans raison et sans frein ne les fasse pas descendre aux instincts de la brute ; mais que la justice, la modération et la piété les fassent sur terre les représentants de Dieu, en pratiquant les lois divines et humaines : *Homo lege et ratione vivens, est mortalis Deus.*

Les Anglais et les Piémontais, se disputant les provinces de l'Italie, ressemblent aux vautours qui dévorent la colombe. De même les Turcs et les Russes ainsi que les Autrichiens, quand ceux-ci persécutent les Hellènes, sont aussi des êtres féroces voltigeant, s'abattant sur la Grèce, si infortunée d'être lacérée et inquiétée par des êtres non moins voraces. Dieu voit du haut des cieux l'horrible abus de la force se développer par les profanations, les scandales et les forfaits sur les terres classiques de la civilisation et de la prédication évangélique, où l'héroïsme des vertus civiles et religieuses a fait des miracles pour accroître les félicités humaines. La toute-puissance de l'Eternel s'est d'abord montrée dans l'archipel Grec : quelques matelots montés sur des navires marchands, quelques agriculteurs de la Morée armés de fourches, ont terrassé le fanatisme ottoman en détruisant ses armées et ses flottes qui, jusqu'en 1820, étaient l'effroi de l'Europe. Ensuite on reconnaît cette puissance céleste domptant l'outrecuidance des empires anglo-russes sur les rochers de la Crimée, lorsqu'elle déchaîne les éléments de la terre et de la mer, pour que l'on reconnaisse que la France possède la supériorité militaire, peut-être destinée à la conservation des lois divines et humaines, si elle est dirigée à la gloire de Dieu et à l'avantage des peuples. Ce qui est encore plus digne de remarque, c'est que cette supériorité s'est agrandie en face des deux grands alliés hypocrites qui, quelques années auparavant, avaient réuni leurs armées pour terrasser le vainqueur de l'Europe continentale en appelant les autres peuples à défendre leur indépendance contre le perturbateur du monde, comme si ces usurpateurs insatiables ne pratiquaient pas un système de perturbation et de rapine, asservissante, insatiable.

Le tyran du Nord, si insolent depuis les succès inattendus des alliés en 1814 et 1815, a été à son tour dompté, humilié, puni, parce qu'il ne dirigeait pas sa puissance à la gloire de Dieu et à l'avantage de l'humanité. Peut-on croire que cette souveraine justice s'arrêtera devant la force de la perfidie, du crime et du cynisme britannique, devant l'abus monstrueux de la marine et de l'influence métallique que l'Angleterre introduit dans les cités, dans les ports, dans les royaumes, comme elle fait aujourd'hui en Sicile et dans le reste de l'Italie, pour accumuler plus de richesses, pour y étendre son système de domination universelle ? Non certes ; la souveraine intelligence a révélé aux ingénieurs la

____

(1) Ps. ii, v. 10.

science des pyroscaphes. Elle ne tardera pas à être assaillie par les éléments de la puissance navale dont elle a abusé avec tant de scandale ; et ce sera la France, ou la Russie quand le nombre des pyroscaphes suffira à une de ces grandes puissances pour débarquer en Angleterre cinq ou six cents mille hommes ; ce qui est aussi au pouvoir de l'Empire français, aussitôt que l'alliance des puissances catholiques sera détachée de la protestante et fanatique Angleterre. La licence même qu'elle fomente en Italie et son appui à la Turquie seront l'un des grands crimes qu'on lui imputera pour lui faire subir l'abus de la force qu'elle pratique. Déjà l'Angleterre paye mille pour cent les forfaits de ses blocus en Grèce et dans le royaume de Naples : il faut que la frayeur soit bien grande dans les populations britanniques pour que ses parlements votent des milliards d'argent et qu'ils exercent leurs femmes à manier les armes afin de mettre leur territoire à l'abri des invasions futures.

XII

Voyez : *Les hommes s'agitent* et *Dieu les mène ;* la France aussi a reçu de sérieux avertissements. J'ai déjà mentionné le caractère déloyal et cruel de quelques-uns de ses ministres, pour indiquer la voie ruineuse conduisant aux grandes catastrophes des souverains qui ont d'aussi mauvais conseillers. La conduite sauvage de M. de Damas, en 1826, à l'égard des personnes que je mentionne ici et contre moi, la barbarie et l'influence russes, alors odieuses en France, devaient enfanter de grands malheurs. Ces actes furent des preuves de tyrannie envers les citoyens utiles à leur patrie et un indice certain de la soumission à la Russie.

On a hasardé tant de suppositions sur la chute du ministère Villèle d'après les données du *Moniteur* et les journaux des divers partis, qu'il y a devoir de fournir à l'histoire les faits qui déterminèrent le changement du cabinet des Tuileries en 1827. Des amis de Charles X, surtout le duc Rivière m'offrit de présenter au roi une note concernant les injustices que je venais d'éprouver, si elle était faite par M. d'Hauterive, alors chef du personnel au ministère des affaires étrangères. Ce fonctionnaire me l'avait promise le soir, puis, il l'avait refusée le lendemain, en alléguant qu'il avait réfléchi sur les conséquences graves qui amèneraient sa destitution. Il disait qu'elle serait regardée comme une dénonciation contre le ministre. Mais des représentants, les uns indépendants, d'autres menacés de perdre leurs emplois, agirent d'une manière plus efficace lorsqu'ils apprirent surtout que Charles X était favorable à la cause des Hellènes, que c'étaient les courtisans et la congrégation qui avaient entravé ses généreuses dispositions pour les chrétiens de l'Orient. *Nous sauverons les Grecs*, avait-il dit, *malgré les Anglais et les Autrichiens.*

Ces paroles royales enhardirent les timides à soutenir la cause des Hellènes. Quarante députés se rangèrent autour de M. Alexis de Noailles, vingt-quatre désignés alors par la *faction Agier,* s'unirent, à l'instigation de M. Hyde-de-Neuville, aux 196 de l'opposition. La bataille de Navarin détruisit la flotte ottomane et électrisa les têtes. La majorité de la nouvelle chambre demanda par son adresse au monarque le changement du ministère Villèle, qu'elle qualifia de *déplorable.* Le triomphe de la Croix fut décidé en Orient sur le paganisme, en réveillant les espérances des chrétiens opprimés, adressant leurs prières au Tout-Puissant pour que le labarum de Constantin le Grand fût planté à Byzance sur les murs de Sainte-Sophie. Les massacres des Turcs se pratiquaient alors . en Morée avec la même fureur qu'aujourd'hui sur ceux du Liban et de la Palestine.

On reprochait au ministère Villèle d'avoir dépopularisé la branche aînée des Bourbons par le projet du droit d'aînesse, par la destitution brutale de MM. de Châteaubriand, d'Hyde-de-Neuville, de Roux de la Rochelle, de David, consul général, tous fonctionnaires supérieurs, de talents reconnus et de patriotisme éclairé. On élevait surtout contre le baron de Damas les récriminations d'avoir été l'instrument aveugle de plusieurs de ces destitutions brutales et d'avoir gardé le silence lorsque l'ambassadeur d'Autriche se refusait à reconnaître le titre de duc aux maréchaux de France qui avaient obtenu cette dignité qui rappelait leurs victoires sur les États de l'empire d'Autriche.

Trois membres du nouveau cabinet parvinrent au ministère par le zèle qu'ils avaient montré à défendre la cause de la Grèce, que mes travaux avaient fait triompher, à la défense de laquelle je les avais appelés. Quand leur ambition fut satisfaite, ils feignirent de ne pas me connaître, ou plutôt ils se conduisirent à notre égard comme s'ils s'étaient entendus pour nous faire mourir de faim, ou comme s'ils nous sacrifiaient aux usurpateurs présents et futurs du patrimoine grec.

Le ministère Martignac qui lui succéda fut sans portée politique. Il gâta la cause de la France dans l'intérieur du pays, et celle de la chrétienté et de la civilisation en Grèce. Croyant gagner les faux libéraux de l'opposition parlementaire, il mit à la tête de l'expédition française en Morée les ennemis cachés du roi, céda aveuglément les emplois aux chefs des conspirateurs hostiles à Charles X, des traités secrets à la Russie par l'imprévoyant ministre des affaires étrangères. La cour voyant le pouvoir tomber de plus en plus entre les mains criminelles des ennemis du monarque, le décida à changer son conseil. Le choix du nouveau cabinet ne répondit ni à l'attente publique, ni aux besoins de la France. Les ministères de Villèle, de Martignac, de Polignac, offrent à l'histoire matière à controverse, parce que les passions des partis sont encore vivaces.

Les premiers actes du drame politique, auquel nous assistons, commencent depuis ces malheureuses luttes parlementaires et ministérielles. Les acteurs se renouvelant tour à tour, manquent de génie politique, de patriotisme éclairé, de vertu religieuse et civique. Les fautes de chacun d'eux contribuent au dénoûment immoral de 1830, qui a rendu inévitable celui de 1848. Ces réactions de partis donnent aux Russes l'audace d'essayer l'exécution testamentaire de

Pierre Ier pour obtenir à Constantinople le point le plus important à leur domination universelle ; elles enhardissent aussi les espérances des Anglais d'arriver par le même renversement des principes sociaux à la déconsidération du Pape et à l'annulation du catholicisme. Le levier, qui ébranle la société dans ses fondements et inquiète les existences est donc principalement la politique des Russes en Orient et celle des Anglais en Italie. La France et les autres catholiques sont appelés par devoir essentiel et par intérêt vital à briser ce levier criminel et ruineux. Ils doivent le faire pour la conservation du droit des gens, de la loi évangélique et du catholicisme, en rejetant les prétendues réformes qui servent de prétexte aux Russes d'usurper sur les rives du Bosphore le patrimoine des Grecs, et aux Anglais de s'introduire en Italie pour exploiter les richesses de cette péninsule et y installer le protestantisme, ce grand perturbateur du monde civilisé et chrétien. L'Angleterre ne cache plus ses projets usurpateurs : Ses journaux publient que M. Elliot « avait offert les bons offices du cabinet de Londres, en y mettant pour condition expresse le rétablissement de la constitution de 1812, qui donnait à l'Angleterre le protectorat de la Sicile. » C'est l'extension de son affreux protectorat dans les îles Ioniennes.

Les prétendues réformes des Anglais sont déisme, fausses libertés, féodalité d'aristocratie de droit d'aînesse, absorption de commerce, ruine et inquiétude insurrectionnelle contre les peuples qui repoussent la piraterie britannique. L'amnistie qu'on accorderait à d'autres pirates, ses protégés, serait le renversement du droit des gens. L'appui donné par des ambassadeurs aux conspirateurs étrangers, abordant un pays ami pour le conquérir et le dépouiller, est une barbarie attentatoire à la sûreté de tous les souverains et de tous les États. Le devoir essentiel des ambassadeurs accrédités auprès du roi de Naples et auprès du Saint-Père les appelle autour de ces souverains, et à provoquer la force de leur chef respectif pour courir sur les flibustiers aujourd'hui désolant l'Italie, la Sicile et la Syrie. S'interposer pour les rendre maîtres de l'État envahi, ou pour faire triompher leur entreprise de perturbation et de rapine, c'est se montrer instigateurs ou complices de cette piraterie. Les comités de l'Angleterre, fournissant aux Garibaldiens armes et subsides, montrent à quiconque veut connaître la principale cause de ces désordres, la main puissante des incendies, des démolitions, des luttes sanglantes de l'Italie.

La France ne saurait entrer dans cette voie d'anarchie avec les Anglais et leurs émissaires diplomatiques. Le devoir sacré du représentant français à Naples est comme celui de notre ambassadeur à Rome, d'user de ses moyens contre les invasions subversives du trône auprès duquel il a déclaré l'amitié de la nation qu'il représente. Qu'aurait-on dit en 1813, si les ambassadeurs accrédités auprès de Napoléon Ier avaient protégé le général Malet et ses autres complices, soulevant Paris pour changer le gouvernement impérial en république ? Pourtant la culpabilité est encore plus grande dans les complices des Garibaldiens, puisque le parti insurrectionnel du général Malet était composé de Français, tandis que celui des Anglo-Piémontais est formé d'instigateurs factieux, dont les acteurs premiers et secondaires dans l'Italie centrale et méridionale sont étrangers, soldant, corrompant et entraînant de gré ou de force des conspirateurs, des mécontents, des instruments de désordre, des affamés de pillage pour disposer, selon leurs passions effrénées, des propriétés publiques et particulières.

L'Angleterre, visant à mettre dans une mauvaise position le chef de la France, s'efforce à l'associer à des manœuvres subversives en Italie, comme elle entraîna les factions Orléanistes à fomenter les révolutions de l'Espagne, du Portugal, de la Hollande, où l'intérêt britannique avait des marines à détruire et du commerce à absorber. C'est pour mieux faire réussir ses intérêts qu'elle a usé de son influence auprès de Louis-Philippe pour que les ministres et les ambassadeurs français épousassent les intérêts britanniques ou des femmes anglaises. On disait, pendant les dix-huit ans de l'usurpation orléaniste, quand un parlementaire recommandait l'alliance ou les réformes britanniques : *Voilà un discours ministre.* En donnant ainsi des conseillers et des hauts fonctionnaires au chef de la France selon les intérêts anglais, le gouvernement britannique le mettait hors le génie de notre pays. De là, juifs et Philippistes composaient cette affiliation de gouvernants déprédateurs qu'on désignait sous le nom d'*habiles,* qu'il fallait éloigner de l'administration comme une affreuse calamité.

Cependant la politique anglaise avait des ménagements pour la France, mais vis-à-vis de l'Italie, elle manifeste aujourd'hui une effrayante barbarie de perturbation révolutionnaire sur le continent pour entourer sa sérieuse rivale de forteresses et de pouvoirs de fait, afin de la mettre à l'avenir dans l'impossibilité d'arrêter les usurpations et les absorptions britanniques. Et c'est en voyant l'état lamentable de l'Espagne, du Portugal, de la Hollande, de la Grèce, de la Turquie, où sa funeste protection s'est introduite, non pour aider les peuples, mais pour exploiter leur pays en y diminuant les avantages des autres nations, que nous resterons insensibles spectateurs sans nous déclarer par les moyens qui sont en notre pouvoir en faveur des victimes ! lorsque la sûreté des États comme des particuliers est attaquée avec tant d'impiété, de scandale et de crime ! L'esprit despotique de l'Autriche est catholique, mais celui de l'Angleterre est calviniste ; celui-ci est un fléau pour les Italiens et les autres catholiques, celui de l'Autriche lui-même, dans ses inconvénients, améliorait pourtant l'état matériel dans le duché de Florence.

XIII

— On objectera aux vues politiques ici consignées les accusations banales servant de prétexte aux grands larrons de l'usurpation pour s'emparer des provinces convoitées. Tout esprit judicieux répondra : — Quelques inconvénients passagers dans l'administration centrale et méridionale de l'Italie ne sont-ils pas un mal moindre que le débordement de l'irréligion, de la licence, de l'usurpation, y venant former au cœur de la civilisation et du catholicisme la triple barbarie du triumvirat anglo-russe-piémontais protégeant les démolisseurs des garanties sociales, les destructeurs des lois civiles et religieuses, souillant notre époque avec les persécutions contre les pontifes, dont les excommunications sont prescrites par la défense nécessaire à la conservation de la foi paternelle, à l'existence des ministres des autels contre les profanes destructeurs des indépendances réelles, que les instruments des anglo-russes dévastent par le Piémont en Italie comme ils ont dévasté par les Bavarois celles des Hellènes ? — Dira-t-on que les conspirateurs ont la tête trop forte, que leur esprit est trop cuirassé d'incrédulité pour craindre les censures du vieillard du Vatican ? — Mais ces censures sont l'expression de la loi divine et humaine ; mais son excommunication est l'indignation de tout homme honnête et pieux, de tout patriote éclairé qui veut en Italie la liberté et le catholicisme, et non la dictature étrangère du Piémontais, ni le protestantisme de l'Anglais.

D'un autre côté, si la barbarie païenne est expulsée du Bosphore, pourquoi ne pas y reconstituer l'empire chrétien des Grecs, qui sont les véritables héritiers de ces rivages, qui les ont cultivés et illustrés pour accroître la civilisation et le bonheur de l'humanité ? Dieu préserve les populations chrétiennes des oppressions et des servitudes russes qui accablent l'infortunée Pologne ! Dieu préserve aussi l'Italie des persécutions cruelles que les Anglais continuent contre les martyrs de l'Irlande et des îles Ioniennes ! Je dois faire les mêmes vœux pour que les peuples catholiques et civilisés de l'Italie ne soient pas envahis par l'indifférence religieuse des flibustiers modernes, ni par les théocraties fanatiques des conquérants asservissants et rapaces ! La société actuelle serait reportée au temps affreux des Nemrod, si l'on permettait à des aventuriers soldés de passer d'un hémisphère à l'autre pour recruter les affamés de déprédation et les chasseurs d'hommes, pour soumettre aux ambitieux étrangers les pays convoités sans respect pour les droits, comme il se pratique aujourd'hui par les Anglais et les Russes. On s'occupe tantôt des provinces moldavo-valaques, tantôt d'autres pays insurgés, toujours pour y substituer un usurpateur à un autre, mais non pas pour les délivrer du joug étranger en les aidant à recouvrer une indépendance réelle sous leur chef national. L'opulente Angleterre aurait en fin de compte la domination universelle, parce qu'elle est la plus riche, la plus audacieuse, la plus habile en perfidies politiques. Le héros de ces temps malheureux serait donc celui qui préserverait le monde d'un tel chaos religieux et social. Puisse le ciel nous montrer cet Hercule chrétien qui dompterait au droit des nations et à la loi évangélique les monstres perturbateurs des améliorations humaines ; qui les forcerait à respecter les révélations divines et les merveilleuses découvertes du IXe siècle, dont le progrès bienfaisant développait les émancipations, les prospérités et les régénérations des peuples !

Comme Grec et héritier (1) du trône des dix-huit empereurs Comnènes, qui régnèrent à Constantinople, je proteste donc contre les empiétements des Russes et des autres nations sur les anciennes possessions des Grecs, comme j'ai réclamé en 1856, auprès des plénipotentiaires qui repoussaient, par le traité de Paris, des populations chrétiennes sous le joug étranger, païen et cruel des Ottomans. Comme chrétien catholique, je proteste également contre les usurpations du Piémont et les manœuvres calvinistes sur l'Italie centrale et méridionales.

Je publie cette protestation encore plus dans l'intérêt européen, pour avertir nos gouvernants et ceux du monde catholique et civilisé, ainsi que les autres nations indépendantes, que l'Angleterre et la Russie se servent du Piémont, leur fournissant les ouvriers d'anarchie, pour jeter le désordre sur le catholicisme et la civilisation dans le centre de l'Europe. Je les accuse devant Dieu et devant les hommes comme causes principales des malheurs actuels de la société : l'une est coupable de tant de massacres et de pertes pécuniaires sur les bords de la mer Noire et d'autres contrées de l'Orient ; l'autre, comme fournissant les éléments incendiaires qui répandent la destruction et la mort en Italie. C'est en vue de développer leur système respectif de domination universelle, que ces deux puissances fomentent la confusion des principes sociaux, si croissante en Turquie et en Italie ; elles ont aussi en vue d'embarrasser la France, d'annuler sa supériorité militaire, au milieu d'anarchistes hérétiques, athées, pendant qu'elles se relèvent de leurs convulsions récentes. Déjouer les menées sourdes que ces grands oppresseurs du genre humain poursuivent à outrance en dehors des lois divines et humaines, c'est le devoir essentiel de tout citoyen honnête, de tout souverain digne de présider aux destinées de ses sujets ; c'est défendre l'intérêt dominant de l'Europe civilisée, des indépendances individuelles et nationales, de l'humanité en progrès contre l'absorption liberticide des deux grands perturbateurs du monde ; c'est briser les leviers qui ébranlent l'édifice social de l'Europe centrale et méridionale, appliqués aux trois pierres angulaires : *aux Empires de la France, de l'Autriche et du catholicisme.* Ces deux usurpateurs, se voyant en ce moment délivrés

____

(1) J'envoie quiconque douterait de cette généalogie aux preuves publiées dans les lettres-patentes données à Versailles, en 1782, au prince Démétrius Step. Comnène, mon parent, qui me présenta au ministère des affaires étrangères. On sera induit en erreur sur cette question, si l'on écoute les usurpateurs présents et futurs du patrimoine grec.

d'une grande partie de leurs embarras, se sentent en état de mettre à profit de leur absorption insatiable les ruines de la Turquie et de l'Italie, en attendant d'en recueillir de bien plus riches dans l'Europe centrale. Ce sont des nouveaux Nemrod, insultant le ciel par la confusion des principes et par la folie de la domination universelle, se formant dans leur tête orgueilleuse une nouvelle Babel :

> Quel grande già, che incontra il cielo eresse.
> L' alta molle d'error, forse tal era ;
> E in cotal atto il rimirò Babelle
> Alzar la fronte e minacciar le stelle (1).

XIV

Ces conquérants n'ignorent pas que Dieu voit leurs projets criminels et que la vaillance de l'armée française est capable d'arrêter leurs plans et leurs manœuvres perfides ; mais, voyant le chef de notre Empire occupé à augmenter le territoire national et sa puissance navale, ils se promettent de l'endormir et d'annuler la supériorité militaire de notre armée. Paralyser l'ascendant militaire et politique de la France, est le point de mire de leurs manœuvres, de leurs évolutions, tantôt à côté de la France, tantôt à côté de l'Autriche, dont l'union rend impuissants les projets des deux grands perturbateurs. Que ne se promettent-ils pas en conquêtes, en richesses, l'un, s'il brise cet invincible obstacle à sa marche vers l'Orient par la guerre fomentée entre les Empires catholiques ; l'autre, s'il le renverse par son alliance avec la Prusse et avec les autres États germaniques ! Mais que de mécomptes pour l'ambitieux moscovite, si les armées des Empires austro-français et des prusso-allemands se réunissent pour empêcher les envahissements des anglo-russes d'absorber les États secondaires ! Que les périls pour l'Angleterre seront sérieux, si la marine française complète le nombre de cinq cents pyroscaphes pour annuler le despotisme naval ! Il y a donc devoir essentiel de fixer les regards de la haute politique sur les tentatives diplomatiques et guerrières de ces puissances conquérantes. Que les conservateurs rentrent franchement dans la voie du salut, d'ordre, de progrès humanitaire, et l'horizon sombre qu'on voudrait faire voir à notre état catholique, social, reviendra vers le Nord ; et la sérénité sera maintenue, croissante dans nos pays méridionaux à la gloire de Dieu et au bonheur des hommes.

Cette marche politique est commandée par l'intérêt dominant de la société : c'est le mouvement naturel de notre esprit national, du progrès humanitaire de notre siècle. S'obstiner à ne pas le suivre, c'est recommencer d'autres

(1) **Torquato Tasso.**

convulsions militaires , d'autres dépenses énormes au détriment de toutes les existences. Je m'étais efforcé à prévenir celles déjà faites en Italie, en adressant mes observations respectueuses aux dépositaires compétents du pouvoir avant que la guerre fût résolue. Je voyais avec regret l'armée française se trouver entre le catholicisme, les aventuriers soldés par l'Angleterre et les signataires du traité de 1815. J'avais la conviction que les insurgés n'étaient pas les vrais soldats de la régénération italienne ; mais des mécontents groupés autour des ambitions étrangères, soutenus par les aspirants à dominer la riante Italie, dirigeant les bras armés contrairement aux intérêts et aux croyances des indigènes ; le sort a été jeté : *Alea jacta est.* Il s'agit maintenant de prévenir de plus grands malheurs, en profitant des leçons de l'expérience qu'ils donnent aux têtes ardentes, et des avertissements qu'ils répètent aux esprits élevés dirigeant les destinées de notre pays et la protection de nos croyances.

XV

Saint Jean-Baptiste, décapité après avoir été enchaîné, saint Pierre et saint Paul, martyrisés après avoir essuyé les épreuves de la captivité, les prêtres français, leurs successeurs, massacrés après avoir passé par les résignations et les angoisses des prisons, furent les héros de l'Église militante et causèrent les grandes douleurs de la chrétienté. La colère du ciel ne tarda pas à éclater contre leurs persécuteurs. Le Dieu de justice et de miséricorde suscita les héros protecteurs des opprimés, et la consolante protection vint rétablir les autels du repentir, où la perversité doit sacrifier les mauvaises passions et dompter les appétits de l'homme réprouvé, s'il veut bien mériter de Dieu et de la société ; s'il veut édifier et non détruire. Ces faits, ces réflexions se présentent aujourd'hui à l'esprit, attristé de voir que ces vénérables évêques de notre religion sont arrachés du centre de la catholicité pour être emprisonnés ou massacrés chez les protégés des grands perturbateurs du monde. Voudrait-on souiller notre siècle, notre civilisation par les crimes de nouveaux Hérodes, d'atroces Marat et Robespierre, et raviver de nouveaux Mahomet ? Les actes de l'un et les projets des autres inquiètent l'Europe. L'un d'eux se prépare à franchir le Pruth pour aller camper ses phalanges sur les rives du Bosphore et de l'Épire ; les deux autres ont lancé leur avant-garde de flibustiers en Italie et dans le Liban , d'où ils se promettent de répandre l'anarchie sur les autres parties des deux hémisphères. Leurs agents révèlent déjà les plans de ce bouleversement universel pour soumettre les peuples à leur ambition et à leur convoitise. L'espérance d'arrêter ces déluges d'usurpation, d'impiété et de rapine est mise sur la toute-puissance du souverain Conducteur des peuples, qui pourrait réveiller encore l'esprit pieux et chevaleresque de la France, le séparer entièrement de l'hérésie, de l'athéisme et de la barbarie pour conserver notre progrès et nos croyances. Alors la foi catholique et l'ordre social ne périront pas, mais ils se retremperont pour ajouter de nouveaux triomphes à la vérité, à la justice divine et humaine après les inquiétudes et les crimes. *Veritas Domini manet in æternum ;* La vérité éternelle est dans la parole du Rédempteur. *Tu es Petrus, et super hanc petram ædificabo Ecclesiam meam, et portæ inferi non prævalebunt adversus eam.* Les perturbateurs se sont donc mis hors de l'Église comme en dehors des lois divines et humaines par leurs criminelles manœuvres en Orient et en Italie.

Les sanglantes convulsions de la Crimée et de l'Italie à travers les combats et les désastreuses tempêtes, ces drames de périls inquiétants, les tristes résultats des victoires, les massacres du Liban, variant, alternant les maux des puissances belligérantes depuis près d'un siècle, ces conflits religieux et civils entre les peuples, ne pourraient-ils pas être aussi des permissions de la Providence pour éclairer les hommes à faire un meilleur usage des facultés individuelles et nationales? Ne pourraient-elles pas servir à la foi des souverains et des peuples, lorsque les basses ambitions et les intérêts personnels menacent la société de la courber sous les sombres et impies dominations universelles des anciens Romains et de l'hypocrisie des orgueilleux Pharisiens? L'ancien monde était travaillé au temps de Constantin le Grand par quatre chefs puissants à peu près comme aujourd'hui l'est notre société; l'Église éprouvait les persécutions des païens, des incrédules, des hérétiques; les disciples d'Arius, qui niaient la divinité de Jésus-Christ, comme les Saint-Simoniens et les autres déistes, ses plagiaires, le banditisme impie d'aujourd'hui. Le ciel inspira le vainqueur des trois césars, se disputant le monde connu. Docile à la voix de Dieu et à l'intérêt du genre humain, il protégea les pontifes de l'Église qui confondirent les rebelles à la loi divine et humaine. Le souverain très-chrétien et l'Église persécutée se trouvent aujourd'hui à peu près dans les mêmes circonstances où l'immortel défenseur de la vérité et de la divinité de notre Rédempteur fit triompher la véritable religion sur les hérétiques, les athées et les conspirateurs. Pour compléter l'ouvrage social et évangélique, il faudrait séparer aussi la vertu civile et évangélique de l'hypocrisie, de la vénalité, de l'orgueil soit militaire, soit ecclésiastique pour que la victoire restât au droit des gens et à la loi évangélique, et non à la violence, à la convoitise, à la perfidie. Il faudrait réprimer ces feuilles pestilentielles des Saint-Simoniens, les professeurs impies, les académiciens calvinistes, juifs dont les prédications subversives ont pour but de *corrompre* les *masses* en réunissant à leurs conspirations les *corrompus d'avance* selon les instigations de la protestante Angleterre; il faudrait ne pas suivre ni accompagner cette puissance perfide dont la voie est opposée à celle de notre patrie; car le génie, les croyances, les intérêts de la France sont contraires à ceux de ses rivales et des sectes sus-nommées.

XVI

Causes principales qu'il faut faire triompher à la conservation de la société et du progrès.

Les conservateurs du vrai Christianisme devraient combattre 1° les perturbateurs de l'ordre, les hérétiques, les athées et les déistes, pour catholiser le monde contrairement aux conspirateurs anglo-juifs et leurs complices qui veulent *décatholiser* l'Italie, la France, l'Autriche et l'Espagne, selon la théocratie de la Grande-Bretagne, protectrice de cette anarchie dans les États de Rome et de Naples et dans les autres parties du globe, en vue d'obtenir la domination universelle par les aventuriers, les affamés et les mécontents de tous les pays qu'elle met à sa solde.

2° Les conservateurs de la civilisation, des indépendances nationales et de l'ordre européen sont personnellement intéressés à réunir leurs armées, leurs conseils, leur influence, pour réprimer la barbarie conquérante, fomentée, agissante en Italie, menaçante au monde civilisé, déjà propageant l'anarchie, l'usurpation, la rébellion, la démolition des pouvoirs constitués dans cette péninsule, d'où elle porte les proclamations et les propagandes subversives des principes sociaux chez les autres peuples, produisant à cette heure d'épouvantables effets en Turquie.

3° Le monde civilisé et catholique est forcé à une coalition de salut, parce que les conspirateurs, s'étant mis sous la protection des deux grands usurpateurs, des deux grands dominateurs, despotiques et absorbants des nationalités et des richesses ; parce que, placés en dehors des lois divines et humaines, ils dévastent les améliorations du progrès social, sacrifient à leurs passions effrénées la cause de la liberté et des indépendances nationales en introduisant dans l'Italie centrale et méridionale l'anarchie et l'impiété par le Piémont, qui sert de porte à la double tyrannie de l'usurpation et de la barbarie des absorptions septentrionales, également intéressées à détruire le catholicisme, la supériorité militaire de la France, même la civilisation, pourvu que leur système de domination et de théocratie universelles triomphe. La conservation du catholicisme est celle de la civilisation et du droit des gens contre l'Angleterre calviniste, anarchiste et rapace ; la conservation de la civilisation prévient les conquêtes universelles, asservissantes, barbares de la Russie, en conservant le progrès social et le véritable Christianisme.

4° Les besoins de la société catholique et civilisée provoquent des instituts de chevalerie contre les invasions septentrionales, comme ceux des anciens chevaliers de Malte, de Calatrava et de l'ordre Teutonique.

5° Je provoque la coalition des souverains et des peuples conservateurs des principes sociaux contre l'invasion subversive des pirates et des usurpateurs campés aujourd'hui dans l'Italie centrale et méridionale contre les réactions féroces des druso-turcs, comme j'ai provoqué en 1854 la coalition des Occidentaux contre l'occupation et l'usurpation des Russes dans les provinces Moldavo-Valaques, lorsque leurs armées marchaient à la conquête de Constantinople et des autres provinces méridionales. Il y a imprévoyance coupable d'entendre les insinuations du parlement anglais cherchant déjà à atténuer les forfaits des turco-druses sur les catholiques du Liban. Nous connaissons les perfidies et les cruautés des cannibales ottomans pour les avoir vues éclater à Constantinople, à Chio et à Smyrne sur les chrétiens de 1821. Les fonctionnaires, comme les troupes du sultan envoyés en Syrie pour y rétablir l'ordre, feront plus de mal que de bien, puisque les uns interpréteront à leur chef et à leurs complices le tout à l'avantage des mécréants; les autres, pour toute satisfaction à la justice, désarmeront peut-être encore nos coreligionnaires pour en faciliter l'entière destruction à présent ou plus tard.

Je proteste contre les deux grandes pirateries usurpatrices des anglo-russes : celle des agents de la Grande-Bretagne est encore plus impie, plus dangereuse, plus subversive des lois divines et humaines, parce qu'elle fait occuper les États des souverains légitimes, pères de leurs peuples ; parce qu'elle fomente l'anarchie dans le cœur de la véritable religion ; parce que les prétextes d'amélioration sont blasphèmes et scandales en face de ses tyrannies à l'égard de ses peuples ; parce que les dominateurs de l'Italie ne sont pas des païens, des usurpateurs féroces, des fanatiques profanateurs des églises comme les Turcs, pour donner, ainsi que chez les Russes, les apparences de piété et de justice ; parce que la médiation, l'instigation, l'occupation des Anglais en Sicile et le reste de l'Italie sont usurpation, piraterie réelles, parce que les armistices et les négociations avec des forbans étrangers pris en flagrant délit sont des renversements sociaux contre lesquels tout souverain légitime, tout bon citoyen, tout peuple réglé par les lois divines et humaines, doivent protester.

6° Je proteste contre le débordement de piraterie qui commencerait une sauvage barbarie : si l'exemple de la marine anglaise, facilitant la prise de Palerme, de toute la Sicile, de Naples et de Rome, était suivi par celles des autres nations, alors les vaisseaux français occuperaient Messine et Naples, ceux des Russes, Tarente et Venise, les flottes des États-Unis d'Amérique, Venise et Trieste. Quelle confusion sociale, quel écroulement ne verrait-on pas dans la stabilité, dans le respect des trônes et des propriétés dans le reste de l'Europe ? Cependant telles sont les conséquences des procédés anglais dans l'Italie centrale et méridionale par les Piémontais et les Garibaldiens, en ce moment déclarant leurs protecteurs, leurs plans, leurs coassociés en Angleterre. Faudrait-il appeler les peuples de l'Irlande et de la Pologne à Rome et dans les autres parties de l'Italie défendre et occuper les terres catholiques, civilisées et libres plutôt que d'habiter les pays d'oppression anglaise et moscovite ? Et n'y a-t-il pas urgence également d'appeler les souverains du monde catholique et civilisé à réunir leurs armées et leurs flottes à celles de la France pour sommer les anglo-garibaldiens de se retirer de l'Italie centrale et méridionale dont une partie des populations est séduite par l'influence métallique et les promesses mensongères d'améliorations libératrices, dont une autre partie est accablée par les combats et les perfidies des britanno-piémontistes. Le traité même de Zurich peut servir de base à la coalition des conservateurs.

XVII

Quelques mots sur les évêques persécutés qui défendent le catholicisme. Si je voyais des périls sérieux menaçant l'existence religieuse et matérielle de mes coréligionnaires, de mes concitoyens, de mes compatriotes, je jugerais coupables les mains vénales qui m'empêcheraient d'élever le signal de détresse pour appeler notre vaillante armée et nos compatriotes vertueux à la défense des intérêts essentiels de la patrie. Si je découvrais des machines préparées par nos ennemis secrets, qu'ils renouvelleraient pour renverser nos temples, nos forts, nos universités, nos vaisseaux, et que je fusse certain que ces machines, manœuvrant déjà sur un autre terrain, seraient encore dirigées à l'affaiblissement, à la ruine de notre nation et de notre progrès social, je regarderais comme traîtres à la vérité, à la justice, à nos croyances, à l'État même, ces zélateurs perfides qui, par des sophismes et des mots captieux contre l'esprit de la loi, persisteraient à étouffer ma voix, en interprétant faussement le droit devant les tribunanx où ils voudraient m'arracher les témoignages des archives et de l'histoire, sous prétexte que les faits, que je produirais, pourraient nuire à la renommée des oppresseurs, et qu'il faut s'arrêter devant les susceptibilités des descendants ou d'autres parents des trépassés. Je dirais alors :

Voilà un phénomène de subversion morale ! Les archives et l'histoire ne sont-elles pas la justice et la vérité pour les particuliers et les nations ? N'est-ce pas dans les archives des tribunaux et dans les annales des peuples qu'on trouve ce qui est avéré en matière de propriété et de moralité ? N'est-ce pas, dès lors, renverser les bases de la société que d'interdire à Mgr. Dupanloup ou à tout autre individu de recourir à la constatation de sa légitime défense par des faits ou des caractères déjà appréciés contrairement ou favorablement ? On voudrait donc anéantir les trésors de la vérité, de la justice, de la justification pour l'innocence, de glorification pour les martyrs, les héros et les bienfaiteurs, mais de honte et de condamnation pour les intrigants, les pervers, les corrompus ? Ces trésors, conservés dans les archives et dans l'histoire, seraient donc ensevelis lorsqu'ils déplairaient aux parents des trépassés !!! Voilà une thèse bien étrange ! en voici les conséquences :

Ce principe admis, les juifs demanderaient aux tribunaux de condamner nos prédicateurs, nos théologiens, nos églises, nos monuments historiques exprimant, accusant les bourreaux de Jésus-Christ, parce qu'il se trouvera parmi eux quelques descendants de Caïphe, d'Hérode ou de Judas qui ne voudront pas que le caractère de leurs parents décédés soit accusé !!! Qui oserait désormais écrire l'histoire, si, en blâmant ou en jugeant sévèrement les oppres-

seurs des siècles féodaux d'Irlande, de la Pologne, de la Turquie, il était tra-
duit devant les juges par quelque parent de ces affreux gouvernants, dont l'âme
a été vendue aux tyrans? Ne faudrait-il pas, au contraire, évoquer les mânes
de tant de victimes et les faire parler par l'histoire et les archives, afin d'avertir
les Italiens et les Grecs de ne pas se fier aux théocrates barbares se disputant
successivement les beaux pays de l'antique Bysance et de l'ancienne Hespérie
où ils envoient tantôt leurs satellites armés, tantôt leurs émissaires pour en sé-
duire les habitants, comme Judas, avec quelque parcelle d'or ou avec des promesses fallacieuses, comme le tentateur de notre premier père dont l'imprévoyante faiblesse amena l'esclavage du péché aux générations successives de sa
famille? Les Anglais, les Russes, les ministres de leurs séductions et de leurs
tyrannies, prennent toutes les formes de puissance et de flatteries pour arriver
à la domination des échelles désirées, sauf à pratiquer après le régime tyrannique le plus assorti à leur orgueil et à leur convoitise. Que l'histoire nous raconte donc le passé pour nous préserver des maux à venir. C'est contre les
deux grands dominateurs absorbants du Nord qu'il faudrait appliquer ces vers
de Chénier :

« Tacite en traits de flammes accuse les Séjans,
« Et son nom prononcé fait pâlir les tyrans. »

XVIII

Deux masques sacriléges cachent les deux grandes désolations sociales si fé-
condes en inquiétudes, en tyrannies, en massacres, en rapines : la liberté fictive des constitutions à l'anglaise, et la protection hypocrite des Russes pour
les chrétiens de la Turquie. Les gouvernants anglo-russes profanent les mots
sacrés de liberté et de Christianisme : l'un pour abuser les Occidentaux, et l'autre
les Orientaux, comme si l'Irlande et la Pologne, les îles Ioniennes et la Sibérie
n'étaient pas des preuves révélatrices de l'oppression, de la tyrannie et de la déprédation ; scandaleuses pratiques qui accompagnent et perpétuent la domination
et les protections mensongères de ces empires. Ils continuent avec une égale
constance sur les peuples la servitude et la rapine. L'occupation des provinces
moldavo-valaques et celle de plusieurs contrées de l'Italie, préparée d'avance
avec l'astuce de la diplomatie, ont mis en évidence l'horreur de leur système
tyrannique qui a déjà couvert ces beaux pays de ruines lamentables, et menace
de les accroître par son développement subversif. Il est temps d'en préserver
le monde, puisqu'il nous envahit dans le cœur de notre existence religieuse
pour attaquer ensuite notre existence matérielle.

Deux grands scandales démoralisent la politique contemporaine et jettent la
confusion dans les principes sociaux : l'un c'est le concert diplomatique pour
l'intégrité de l'empire ottoman quoique la plus affreuse tyrannie et les profanations les plus impies de trois millions de mécréants étrangers exercent la plus

atroce des usurpations, les plus absorbantes rapines, les massacres les plus effrayants sur trente millions de chrétiens indigènes, héritiers naturels de la Romélie, de l'Asie Mineure et de l'Afrique septentrionale ; quoique les pères de ces chrétiens aient été les bienfaiteurs des Occidentaux par leurs transformations civilisatrices et évangéliques chez les nations policées, aujourd'hui possédant la supériorité des sciences et de la discipline militaire ; par conséquent en état de délivrer leurs coreligionnaires de la déprédation et de la servitude musulmane ; fait d'autant plus scandaleux, d'autant plus criminel devant la religion, la civilisation et le progrès social, qu'il est conservé comme preuve péremptoire de la barbarie dans le fond de l'âme de ces Occidentaux obstinés qui maintiennent par jalousie ou par intérêt les Turcs, leurs alliés en usurpation et en rapine, en fanatisme et en convoitise.

L'autre scandale de lèse-religion, de lèse-humanité, de lèse-politique, de perturbation sociale en face des zélateurs pour l'intégrité de l'empire des mécréants, est l'accord criminel, sacrilége de ces prétendus chrétiens, de ces perfides spoliateurs des États romains, qui, sous le masque de liberté et d'indépendance nationale, sont à la fois usurpateurs et instruments de perturbation et de rapine, sans respecter ni l'intégrité de l'apanage pontifical, ni le patrimoine de l'orphelin, ni les autres droits légitimes de l'Italie centrale et méridionale. Plus ces scandales s'agrandissent, plus ils développent le chaos dans les principes, plus ils jettent l'inquiétude dans les diverses classes de la société, depuis le trône du plus puissant monarque jusqu'au simple travailleur de l'atelier et de la chaumière, plus ils ternissent le caractère des grands dominateurs qui restent spectateurs silencieux de ces perturbations, pour arriver à de plus grands développements subversifs ; plus ils pervertissent en déplorables instruments de tyrannie et de servitude ces chefs de conspiration qui étendent aujourd'hui en Italie l'anarchie, les combats sanglants, les incendies, pour mettre les peuples de cette péninsule sous le joug étranger des Piémontais ou des Anglais.

Il y a devoir, pour tout bon citoyen, d'appeler l'examen sérieux des grands et petits acteurs de ces tragédies sur les conséquences de cette lamentable situation pour l'Italie et l'Orient, et sur l'état futur de l'Europe. Ces avertissements sont encore plus utiles aux principaux instigateurs des dominations universelles, aux chefs des insurrections italiennes, aux séides du fanatisme russe ; car la barbarie de l'insurrection ascendante, sans le principe de la nationalité, détruit le droit pour mettre sous le joug brutal du vainqueur les peuples, et renouvelle le système des Turcs, dont on annonce les sanglantes réactions. L'insuccès de ces manœuvres impies et inhumaines, mettant hors les lois les auteurs de tant de crimes, livre leur mémoire à l'infamie, les transforme en cannibales, sans laisser de stabilité au bien-être ni des uns ni des autres. *La vérité et la justice restent éternellement,* malgré les orages passagers de la politique et des passions humaines.

La liberté de l'Italie, mais sans l'usurpation piémontaise, anglaise ou toute autre substitution étrangère ; mais sans les réformes calvinistes et hérétiques ;

l'entière indépendance des populations chrétiennes ou autres nations asservies de la Turquie, mais sans la domination de la Russie ni de tout autre gouvernement despotique. *La trinité de la liberté, de l'indépendance individuelle et nationale, du véritable Christianisme* contre la tyrannie, l'usurpation, l'hérésie de la théocratie et du déisme. Telle devrait être la devise des nouveaux chevaliers conservateurs du droit des gens et de la loi évangélique contre les grands et les petits perturbateurs de l'ordre social.

XIX

Les deux grands ennemis secrets des Grecs sont le Russe et l'Anglais : le premier vise à s'emparer de *leur patrimoine*, le second prête son infernal appui à la Turquie, pour les empêcher de reconquérir l'apanage de leurs pères. En vue d'exploiter le commerce, il y soutient l'usurpation musulmane.

Les deux ennemis secrets des Français sont le Russe et l'Anglais : le premier cherche à détruire leur supériorité militaire, parce qu'il voit qu'elle l'empêche de réaliser la domination universelle, selon les prescriptions testamentaires de Pierre Ier ; le second complote également l'annulation de l'ascendant politique et militaire de la France, parce que non-seulement il se voit déconcerté dans son système de domination universelle sur mer, mais il se voit menacé dans son existence par l'accroissement des pyroscaphes français, dont l'invention est aussi bienfaisante à la généralité des nations que fatale au despotisme naval de l'Angleterre.

Les deux plus implacables ennemis des catholiques sont le souverain russe et le souverain anglais : le premier, théocrate fanatique dans ses États, se promet l'abolition du catholicisme par la déconsidération du Pape en Italie, afin de ne plus avoir cet obstacle à l'extension de sa théocratie ; le second, également fanatique, fait agir ses émissaires, qu'il associe aux autres hérétiques, aux mécontents, aux conspirateurs, aux flibustiers de tous les pays. Il les solde à l'œuvre de la même destruction, sous le masque de constitutions et d'améliorations sociales. Protecteur souverain des rebelles en dehors de ses États, il fait de la Grande-Bretagne l'université des insurrections chez les peuples qu'il veut asservir ou exploiter. La France et bien d'autres nations ont plus d'une fois éprouvé la fureur de la perversité britannique sortant des mers, comme le génie de la dévastation et du trouble. Semblable à Éole, roi des tempêtes, il est assis sur son rocher, il lâche de son antre les orages tumultueux de la politique, pour embarrasser ou disperser les forces de ses ennemis, et prendre ensuite les apparences de conciliateur, afin de s'élever en puissance et en richesses à leur détriment.

> . . . . Celsa sedet Æolus arce
> Sceptra tenens, mollitque animos, et temperat iras.
> . . . .
> . . . . Ac venti, velut agmine facto,
> Qua data porta, ruunt, et terras turbine perflant.

Mais enfin, le règne de la mythologie a été renversé par celui des sciences mathématiques qui a inventé les pyroscaphes pour enlever à l'Angleterre l'empire des vents, et la guérir de ses caprices et de ses déprédations sur mer. Ce vœu est aussi général chez les nations que le désir de la sérénité chez les hommes qui sont désolés par les désastres d'une affreuse tempête. L'attente de ce changement est fondée sur l'accroissement de notre puissance navale, appelée à opérer ce grand œuvre de justice et de miséricorde.

Les Anglais n'ont plus de repos sur l'avenir de leur puissance maritime, depuis que j'ai conseillé à la France de construire cinq à six cents bateaux à vapeur pour envahir l'Angleterre avec trois ou quatre cent mille hommes. Ses parlements ne cessent de voter des millions et des milliards pour fortifier leurs rivages ; leurs citoyens en état de porter les armes, sont enrôlés à la garde nationale, les uns surveillant les îles de leurs pays, les autres s'exerçant à repousser l'ennemi, que leur imagination effrayée croit s'apprêter pour les envahir. Les enfants des colléges, les femmes mêmes, y sont exercés à manier les armes : en fera-t-on une nouvelle Sparte ? Dans ce cas, j'aurais fait plus de bien que de mal aux Anglais.

En attendant, la haute raison sociale et évangélique, considérant d'un autre côté les inquiétudes, les conflits politiques et militaires, les sacrifices en hommes et en argent, les ruines des cités en Crimée et en Italie, dans le Liban, se dit : « Tous ces malheurs auront-ils pour résultats la destruction du progrès social en Orient à l'avantage de la barbarie conquérante des Russes ; en Italie, l'annulation du vrai Christianisme ; ou en Turquie, la restauration de l'empire des mécréants, et le triomphe du déisme, même du déicide juif en Italie sur le catholicisme, selon les réformes hérétiques des calvinistes anglais, et les prédications subversives du juif Piccolo-Tigre associé aux autres traîtres à nos croyances, aux intérêts de notre patrie et de l'ordre social ! Le but de tant de travaux, de tant de sacrifices, d'un si grand mouvement militaire, d'un bruit si universel, serait-il d'être la fable des nations !

> « Che gioverà d'aver d'Europa accolto
> « Si grande sforzo, e posto in Asia il foco,
> « Quando sia poi di si grand moto il fine
> « Non fabbriche di regni, ma ruine ?
> . . . .
> « Or, se da noi rivolte e torte sono
> « Contra quel fin che 'l donator dispose,
> « Temo cen privi ; e favola alle genti
> « Quel si chiaro rimbombo alfin diventi. »

Oh ! pourquoi la trompette épique du chantre sublime des croisades ne réveille-t-elle pas la piété, autrefois si renommée de ses compatriotes et de ses coreligionnaires contre les hérétiques, les mécréants, les barbares conquérants de l'Orient et du Nord, pour faire triompher le véritable Christianisme et le progrès social contre les déprédateurs anglo-russes, contre les contempteurs des lois divines et humaines, qu'ils déchaînent sur les États constitués, sur le monde civilisé et catholique ?

Chevalier de Sorrente, toi dont les nobles élans patriotiques étaient mus par l'esprit saint de l'Évangile ; toi, dont le langage harmonieux était orné par les muses, viens joindre tes éternelles protestations aux miennes contre ces princes et ces ministres qui favorisent l'impiété et la barbarie sur les pays classiques de la civilisation et du Christianisme. La Grande-Grèce ton pays natal, dont tu fais la gloire, les cités fameuses des Hellènes, d'où sont sortis Homère, Aristote, Athanase, ces grands fleuves de poésie, de patriotisme et de religion dont les travaux ont fécondé les arts, les sciences et le christianisme, pour moraliser et embellir le monde ; ces montagnes majestueuses du Liban, ces terres sacrées de la Palestine, où tes anges apparaissaient pour défendre les adorateurs du Christ, sont occupées ou envahies, ensanglantées par les barbares et les hérétiques. Répète avec moi tes divines inspirations, tes justes protestations devant les gouvernants du jour.

> « Principi, io vi protesto (i miei protesti
> « Udrà il mondo presente, udrà il futuro,
> « L' odono or sù nel cielo anco i celesti)
> « Il tempo dell' impresa è già maturo :
> « Men divien opportun, più che si resti :
> « Incertissimo fia quel ch' è sicuro,
> « Presago son, s' è lento il nostro corso,
> « Ch' avrà d' Egitto il palestin Soccorso. »

Cette voix aussi éminemment italienne qu'éminemment civilisatrice et évangélique, interprétant au XVI° siècle les sentiments de piété, de justice, de civilisation et de progrès social de l'Europe chrétienne contre les conquérants arabo-turcs de l'Asie et de l'Afrique, interprète-t-elle moins les sentiments des peuples européens civilisés et catholiques de notre temps contre les perturbateurs barbares du Nord ? Elle vit éternellement dans son poëme, comme un appel incessant adressé à ses compatriotes et coreligionnaires contre les nouveaux conquérants déprédateurs et impies. C'est un conseil de salut que de leur répéter : Prêtez-y une oreille attentive : le temps est opportun de suivre ses avis contre les nouveaux mécréants et les barbares du jour, qui introduisent chez vous leurs émissaires et leurs séides pour détruire vos croyances et vous asservir sous le masque perfide de réformes libératrices. Repoussez sans délai leur invasion asservissante et rapace, pour restaurer les maux de votre foi et de votre patrie, pour conserver au monde le droit des nations et la loi évangélique.

Soulevez-vous contre ces pirates, criez : O larrons ! qui attaquent les pouvoirs constitués ! qui confisquent les propriétés des particuliers ! En vous envahissant, ils portent atteinte sur tous les États, sur le repos de tous les citoyens, car ils renversent tous les principes sociaux. Les conseils des deux dominateurs absorbants sont les suggestions de Satan voulant renverser le règne de Jésus-Christ pour y substituer celui de l'*Antechrist*. Leurs émissaires sont de faux prophètes, leurs soldats, les ministres vendus à l'esprit réprouvé ; les cours de deux dominateurs universels sont les synagogues mensongères des anglo-juifs, des russo-fanariotes, agissant comme autant de démons en dehors des lois divines et humaines, envahissant comme autant de géants les pays des faibles et des martyrs pour les asservir, les dévorer et faire disparaître leur nationalité du nombre des vivants. L'Italie, la Grèce, la Palestine, sont les pays classiques du Christianisme, des vertus héroïques, chevaleresques ; elles ne pourraient reconnaître comme leurs enfants ces faux libérateurs qui s'y introduisent pour les soumettre au joug d'autres étrangers, et qui foulent aux pieds les lois de l'Évangile et de l'humanité en spoliant les peuples et les particuliers de leur apanage. Il faudrait établir à Jérusalem une école de civilisation évangélique dégagée de la barbarie mahométane, comme je ne cesse de le conseiller au monde chrétien et policé, et non pas s'unir au protecteur des races féroces, pour y maintenir la domination de Satan par les sectateurs de Mahomet.

Le prophète évangéliste désigne l'anglais et ses ministres parmi les puissances infernales s'élevant contre le fils de l'Éternel, pour détruire le règne de Jésus-Christ. Le dragon (1) de l'Apocalypse sort des mers, réunit les ennemis du ciel, les prostituées des diverses nations pour les lancer contre les fidèles à la loi divine, contre la mère du Rédempteur. Rejeté plusieurs fois par les défenseurs des lois divines et humaines, leur chef revient au combat, aujourd'hui qu'il peut multiplier les apostats sous ses drapaux par la séduction de de l'ambition et des richesses. Il est vomi sur notre sol : *Et projectus est draco ille magnus; serpens antiquus est in terram et angeli ejus cum eo missi sunt... Et adoraverunt draconem, qui dedit potestatem bestiæ, et adoraverunt bestiam dicentes : Quis similis bestiæ, et quis poterit pugnare cum ea ?... Cum qua (meretrice) fornicati sunt reges terræ, et inebriati sunt, qui inhabitant terram de vino prostitutionis ejus.* C'est en lisant les chapitres XIIᵉ, XIIIᵉ et suivants de l'Apocalypse qu'on trouve le gouvernement affreux de l'Angleterre caractérisé par l'apôtre bien-aimé de notre Sauveur. On y reconnaît les corruptions, les crimes, les persécutions, les impiétés, les abominations qu'elle pratique en ce moment contre l'Église de Jésus-Christ, les rois, les empires, les fidèles à l'Évangile pour étendre sa domination qu'on ne peut appeler qu'infernale, puisqu'elle y associe et y recrute les hommes de crime, puisqu'elle s'est mise en dehors des lois divines et humaines.

---

(1) L'auteur de cet écrit avait caractérisé cette piraterie infernale lors du blocus de la Grèce par les Anglais, dans sa brochure intitulée : *Le dragon de l'Apocalypse.* On rappela alors notre ambassadeur de l'Angleterre. Mais la guerre provoquée par cette brochure fut menacée sans être pratiquée.

XX

L'Angleterre, dans son âme nationale, est la déesse de la Raison de Robespierre, que son gouvernement intronise et pratique à l'intérieur et à l'extérieur de son royaume. Chacun de ses citoyens protestants dans sa vie privée et publique interprète la loi divine et humaine selon sa raison individuelle ou nationale. Or, comme la raison de l'Anglais se règle d'après l'intérêt personnel ou d'après celui de son peuple, et non d'après les principes de l'Évangile et du droit des gens ; son dieu est fait selon la raison de son orgueil et de sa convoitise. De là la licence barbare de sa politique, de ses absorptions, de ses perfidies, de ses usurpations.

Pour cette nation, aussi perturbatrice que rapace, la péninsule de l'Italie sert sa domination comme autrefois la péninsule de Quiberon : en se mêlant aux luttes de nos compatriotes, elle parvint à annuler, le 21 juillet 1795, notre puissance navale par la destruction de nos officiers de marine ; ce qui lui promettait l'empire despotique sur mer et sur nos colonies. Aujourd'hui, ses secours aux flibustiers de l'Italie se proposent la destruction du catholicisme ; ce qui jetterait sur ses rivales le déluge des constitutions à l'anglaise, des réformes calvinistes, des impiétés, des fausses libertés, des féodalités, des aristocraties, des misères, des persécutions et des servitudes britanniques comme en Irlande et dans les îles Ioniennes, où il n'y a ni loi divine ni loi humaine, mais la barbarie de la force brutale.

Au commencement du xiiie siècle, d'affreux larrons se couvrirent du masque de croisade pour exercer la plus horrible piraterie : Baudouin, Montferrat, et autres prétendus croisés se présentèrent sur les rives du Bosphore comme amis du souverain-mineur et de ses sujets pour défendre Constantinople contre les mécréants. Mais, loin de se conduire en auxiliaires, ils dévorèrent les assiégés de cette ville ; ils usurpèrent le trône de l'orphelin, détruisirent les chefs-d'œuvre (1) de l'esprit humain. Les princes de la chrétienté regardaient impassiblement le forfait de cette perturbation sociale. Le châtiment ne tarda pas à les atteindre : la barbarie musulmane se developpa à la place de ces félons et arriva aux portes de Vienne. Grâce à l'héroïsme de Sobieski, l'Occident en fut sauvé. Eh bien, aujourd'hui les mêmes crimes de subversion religieuse et sociale se renouvellent d'une manière effrayante en Italie et en Syrie ; les souverains du monde civilisé et chrétien, s'ils ne restent pas spectateurs entièrement inactifs, sont comme frappés de cécité politique ; lorsque le roi presque enfant de Naples, le vicaire de Jésus-Christ, l'orphelin et la veuve de Parme, nos coreligionnaires de la Palestine sont spoliés par de nouveaux déprédateurs dans le centre du Christianisme, où ils commettent les

____

(1) *Voyez* l'histoire de M. Poujoulat sur la barbarie de ces prétendus croisés.

affreuses barbaries en renégats de tous les principes, en destructeurs des gouvernements établis, en missionnaires d'anarchies, en perturbateurs des indépendances individuelles et nationales, en usurpateurs des trônes, en contempteurs des lois divines et humaines !!! Le Piémont n'est pas l'Italie ; la piraterie, fomentée par l'Angleterre, n'est pas la liberté, parce qu'ils sont étrangers, allobroges ou Anglais, forçant par leurs satellites l'Italie centrale et méridionale à changer les formes de son gouvernement sous prétexte d'amélioration. C'est donc laisser pratiquer les violences de forbans secondaires, soutenus par ces grands perturbateurs, dont le système est pour eux *domination universelle,* et pour ses rivaux *anarchie destructive et sanglante.*

L'abomination désolatrice est proclamée par les chefs et les associés des conspirateurs : l'un déclare qu'il veut venger le sang des Italiens versé à Rome en 1831 et 1848 ; l'autre, qu'il faut renverser les trônes et détruire les têtes couronnées ; celui-ci veut anéantir le Pape et le catholicisme ; celui-là confisquer les propriétés. Les actes des insurgés n'étant que le développement du système de Marat, qu'on se représente les crimes de ses progrès, passant de la Sicile à Naples, de Rome chez les autres peuples catholiques, et de la France chez les autres nations civilisées. Voilà les plans des Catilina anglo-piémontais. Les périls sont aussi grands pour eux que pour les souverains et les peuples. Il y a donc urgence de conjurer le mal. C'est aux dépositaires des grands pouvoirs d'en donner l'exemple ; c'est aussi à l'homme de l'ordre, de l'Évangile, de la civilisation et du progrès, à coopérer à la conservation de la société sans se laisser entraîner dans la voie de destruction, de l'apostasie et de la renaissante barbarie. Les souverains chrétiens et conservateurs du droit des gens doivent rompre toute relation diplomatique avec le roi du Piémont, et promptement aviser sur les moyens de réprimer ses invasions en Italie.

Président et juges d'un tribunal, qui favoriseraient et sanctionneraient des obligations imposées avec violence aux faibles et aux voyageurs par les malfaiteurs, livreraient leur nom à l'infamie ; le même déshonneur atteindrait les chefs des nations qui prêteraient leurs votes et leur puissance pour sanctionner les brigandages d'étrangers sur un pays ami, et faire exécuter des constitutions et autres prétendues améliorations arrachées avec violence à un prince légitime à l'avantage de nations secrètement ennemies, au profit et au triomphe de satellites soldés, soutenus, recrutés parmi les mécontents et les conspirateurs de tous les pays, tels que ceux enrôlés par les anglo-piémontais, protecteurs et protégés, comme il a été démontré, également étrangers à l'Italie centrale et méridionale.

Un tel renversement de principes n'est pas conciliable avec le droit des gens, du Christianisme, de la sûreté individuelle et nationale. On ne saurait donc provoquer assez promptement, dans l'intérêt des gouvernants, des nations et des individus, un congrès ou des conférences diplomatiques pour prévenir le chaos social, pour reconstituer le droit public et le droit des particuliers, dont la démolition a été commencée en Italie par des anarchistes déclarant un système de domination universelle, se recrutant dans les deux hémisphères. Il y a urgence de briser le levier mis aux bases des garanties sociales, par lequel on veut ébranler l'ordre en Europe par l'Italie et l'Orient, et par la destruction du catholicisme. Le martyre du roi de Naples se prépare sur la voie tracée par les bourreaux de Louis XVI. Mais cette fois le sang royal du juste rejaillirait sur bien des têtes couronnées, puisque les conspirateurs étrangers forment l'avant-garde d'anarchies universelles ; puisque leur système est destruction des trônes et du Christianisme ; puisque Saint-Simoniens, anglo-juifs, licence et absorption veulent se substituer aux princes légitimes, à l'ordre, au droit des nations, à la loi évangélique.

Leurs chefs ont soulevé contre eux le monde politique, moral, chrétien, matériel. La cause de la véritable liberté est sacrifiée par des chefs aussi imprévoyants que contempteurs de l'ordre et des intérêts élevés de l'humanité : l'un, sans respect pour les traités de Villafranca et de Zurich, étend perfidement sa domination sauvage, impie, sur les duchés, les États du souverain Pontife et le royaume des Deux-Siciles ; l'autre déclare son système d'anarchie et de destruction à tous les trônes, à toutes les nations régies par les institutions monarchiques ; celui-ci proclame et pratique la piraterie sur des États amis, sur les biens de la couronne, des communes et des particuliers riches ou industriels, en excitant ses associés de désordre et de brigandage à écraser les prêtres avec les moellons des pavés, et à venger le sang des Italiens sur les Français par d'autres Vêpres-Siciliennes ; celui-là établit, comme thèse principale, qu'il faut abolir le catholicisme, par conséquent la civilisation et le Christianisme. Les actes atroces et sacriléges qui souillent l'Italie où ces hordes, composées de conspirateurs, d'affamés et de mécontents arrivent, répondent aux plans concertés par les séides des anglo-piémontais. Les yeux sont frappés des spectacles effrayants des flibustiers britanno-sardes. Il n'est plus temps de temporiser.

A vous donc, chefs des nations, à prévenir le chaos social. Votre mission essentielle est de vous prononcer promptement contre cette vaste conspiration, contre cette piraterie universelle partant de Gênes, soldée par les anglo-piémontais, forçant le roi de Naples à rendre les larrons et les instruments destinés à sa destruction, que ses fidèles avaient capturés selon le droit de défense sur les vaisseaux pirates. Il y a devoir de vous séparer des auteurs de cette subversion sociale par le prompt rappel de vos ambassadeurs accrédités auprès de la cour piémontaise, si vous ne voulez pas qu'on vous soupçonne d'encourager cette destruction des principes sociaux. A vous de réprimer les émissaires de cette cour ; à nous le devoir de défendre, par les moyens qui nous sont permis et qui sont en notre pouvoir, notre religion, notre progrès, notre civilisation, notre ordre public et particulier, attaqués aujourd'hui par ces brouillons de fausse liberté, d'absorptions insatiables, d'améliorations violentes, de déprédations barbares et sacriléges.

Les sophistes, que nous avons dispersés, en 1842, dans l'Athénée, l'Institut oratoire et l'Institut historique de Paris, reparaissent dans les feuilles salariées par les anglo-piémontais, pour soutenir les séides sardo-britanniques, contrai-

rement aux croyances de la France et de la catholicité, en opposition aux intérêts élevés de notre patrie, de notre civilisation et de l'humanité. Jamais la
mauvaise foi punique et ligurienne n'abusa autant de la raison humaine ; jamais
la trahison aux intérêts patriotiques et humanitaires ne montra un cynisme
si hideux qui pût se comparer à celui qui donne le caractère judaïque aux
instigateurs actuels à la spoliation du souverain Pontife et du patrimoine hellénique.

Il y aurait plus d'injustice et de persécution dans le XIXe siècle que dans les
siècles des plus affreuses oppressions contre l'Église, si notre défense n'était pas
libre comme celle des Quadratus, des Aristide, des Origène, des Athanase,
des Tertulien et des Bossuet, pendant les aberrations, les hérésies et les déprédations barbares ; il n'y aurait ni gouvernement ni justice distributive dans les
pays où, d'un côté, il serait donné ample latitude aux sophistes, aux impies,
aux conspirateurs, aux pirates, de fomenter, d'attaquer, de détruire même les
bases de la société ; tandis que, de l'autre côté, on imposerait mutisme et inac-
tion aux défenseurs des doctrines fondamentales de notre existence nationale.
Car la religion et la justice, égales devant la loi existante, sont la condition de
l'ordre moral, religieux et matériel, constituant la nécessité du gouvernement.
C'est donc marcher sur la voie de la justice distributive que de permettre aux
évêques de publier leurs mandements à la défense du chef de l'Église ; et cette
permission doit être également accordée à tout fidèle à sa patrie et à la foi de ses
pères. Point de piraterie, de protestantisme, de fausse liberté, de joug étranger
du Piémont en Italie ; point de domination moscovite, ni d'autres usurpateurs
étrangers sur les Grecs et sur les autres chrétiens de l'Orient, mais le triomphe
du vrai Christianisme et du droit national chez les Italiens et les Orientaux.

L'Angleterre exalte les chefs des insurrections italiennes, parce qu'elle croit
avoir trouvé en eux les instruments propres à développer son génie de piraterie
sur les îles et les rivages pour lui conquérir les échelles commerçantes ; parce
qu'elle les voit trempés de l'audace aventureuse qu'elle cherchait pour répandre
sur les continents, chez ses rivales et les puissances faibles, la perturbation et
l'anarchie devant lui dompter les grands empires et lui soumettre les petits
États. Comités, journaux et membres du Parlement ne rougissent pas de célébrer les auteurs principaux des grands forfaits qu'enfante l'affreux développement de la *nouvelle régence algérienne*, à laquelle ils fournissent de l'argent,
des armes et des vaisseaux contre la catholicité et les pouvoirs constitués. Ils
couvrent leur perfidie sous le masque de *constitution* qu'ils provoquent dans
les divers pays, où leur but est de former des conspirations affiliées à leur système de domination et d'absorption universelles, et non en vue de donner aux
peuples les garanties des lois. Car les constitutions doivent être demandées par
les peuples indigènes, et volontairement données et consenties par leurs gouvernants, mais non pas imposées avec violence par des étrangers ou des scélé-
rats, les arrachant par le massacre des agents de la police, comme on vient de
le faire dans le royaume de Naples. Prédication infâme ! génie exécrable ! Ah !
les prédicateurs britanniques sont bien aveugles en politique ! bien déchus en

sagesse gouvernementale ! En se mettant ainsi en dehors des lois divines et humaines, plus ils augmenteront le nombre de leurs satellites pour accroître le mal chez leurs rivaux ; plus les divers empires et les diverses nations sentiront la nécessité de se défaire de l'antre des âmes réprouvées d'où partent les orages révolutionnaires qui ne laissent plus de lois et de sûreté aux gouvernants et aux peuples.

XXI.

Nos vives douleurs causées par les nouvelles du Liban ne sauraient être comprimées. Mais, qui peut exprimer l'horreur qu'inspirent les incendies et les massacres inouis de la Syrie ? Cent soixante villages chrétiens brûlés par les Druses, aidés par les Turcs, tous ennemis acharnés des Maronites catholiques ! Six mille de nos coreligionnaires immolés dans la seule ville de Zahlé (17 juillet 1860) par ces mécréants. ! Les filles outragées, les enfants et les prêtres taillés en pièces et jetés en pâture aux chiens ! Leurs cadavres dévorés par les reptiles, parce que ces féroces mahométans et idolâtres empêchent l'évêque et les autres chrétiens d'ensevelir les corps des martyrs ! La cité de Damas, déjà jonchée de cadavres chrétiens et le massacre de ses autres habitants menacé ! La ville d'Alep, Nazareth, toute la Palestine, également menacées d'être jonchées de cadavres, sur ces lieux sacrés où le Rédempteur du monde répandit son sang pour le salut des hommes ! Le fanatisme arabo-turc se réveille avec la fureur des cannibales, pour multiplier le carnage dans toute la Turquie sur nos frères en Jésus-Christ. Ce fut en prévoyant de pareilles catastrophes que nous protestions sans cesse contre l'obstination de la Grande-Bretagne à entraîner les autres puissances à conserver l'intégrité de l'empire Ottoman, dont elle veut exploiter les produits.

Il faut donc lui imputer la grande part de ces crimes. Toujours le génie infernal de l'Angleterre se montre auxiliaire des esprits réprouvés, toujours à côté des antéchrists, immolant les vrais adorateurs de Jésus ! On vit les Anglais, à Saint-Jean-d'Acre, arrêter en 1799 la marche triomphale du général Bonaparte. Les Anglais voulaient détruire l'expédition française et conserver la puissance des mécréants. Plus tard, ils ont empêché avec une égale persistance les victoires de la Croix en Romélie et dans le Maroc ; tantôt contre les Hellènes, tantôt contre les Français, tantôt contre les Espagnols, partout on rencontre, comme obstacles des libertés et des améliorations réelles, les Anglais réunis aux barbares de la Turquie, aux forbans de l'Afrique, aux pirates de l'Italie. Les traités britanniques sont souvent forcés contre la nature : l'intégrité de l'empire *cadavre* des Ottomans ! Vivifier l'horrible monstre des calamités humaines ! Les voilà soulevant les crimes, les fureurs, les rapines, les fanatismes, les férocités barbares contre la vertu, le progrès, la civilisation et le Christianisme ! L'empire Ottoman est composé des sectes de déprédateurs fana

quement animées par le faux prophète Mahomet contre les peuples civilisés
t chrétiens. Elles y admettent tous les forbans ennemis des chrétiens comme
'Angleterre les hérétiques ennemis des catholiques. Les uléma, à la fois juges
et prêtres, prêchent ses croyances absurdes et féroces à la destruction de l'Évangile et du droit des gens. C'est pourquoi ces fanatiques crient à la profanation
du Coran en apprenant que les ambassadeurs turcs sont admis au concert diplomatique des chrétiens.

Les Anglais ont mille et mille journaux, des parlements et des émissaires
pour répéter qu'ils ne sont pas les auteurs principaux de ces réactions féroces,
de ces barbaries, de ces renaissances de pirateries, de ces régences algériennes ;
mais les faits répondront pour les confondre : Vous soutenez, leur dira-t-on, ces
forbans, après qu'ils ont été domptés par les Helléno-Français. N'est-ce pas
l'appui britannique qui enhardit la férocité musulmane à annuler les progrès
libérateurs des Grecs et des Français ? N'est-ce pas l'Angleterre qui a fourni
aux Turcs les officiers, les armes et l'argent, afin de détruire les expéditions en
Asie et en Afrique, afin d'étouffer la révolution héroïque de la Grèce ? Si les
vaisseaux anglais ont participé à la bataille navale de Navarin, ce fut uniquement pour détruire la marine égyptienne selon le système tyrannique de la
Grande-Bretagne, et non pour l'indépendance des chrétiens ; car les agents bri-
anniques montrent une conduite bien opposée aux émancipations des Hel-
ènes dans les îles Ioniennes et chez les autres populations grecques, où le joug
ottoman aurait été déjà brisé sans la médiation sacrilége des Anglais.

L'influence britannique introduit le malheur chez les autres nations : la
Hollande, l'Espagne, le Portugal, sont déchus de leur ancienne splendeur depuis
qu'ils se trouvent sous la protection de leurs rivaux. Ils ne soutiennent les
Turcs que pour en exploiter les produits et en éloigner les autres peuples.
Protéger ou vaincre pour spolier, fonder sa domination et ses croyances erro-
nées avec violence, telles sont les améliorations mensongères de l'Angleterre
dont il faut réprimer les crimes, si l'on veut obtenir des indépendances nationales selon le progrès humanitaire.

La perfidie de la politique en Turquie égale l'atrocité des crimes : d'un côté,
le grand visir déclare *que la justice doit luire pour tout le monde comme le
Soleil ;* d'un autre côté, les pachas font des enquêtes sur les causes des réactions sanglantes. Ces apparences de protection et d'équité sont autant d'in-
sultes à la raison et aux victimes, puisque douze siècles de massacres sur les
chrétiens, de destruction sur les monuments civilisateurs, de profanations dans
les églises transformées en mosquées, les pratiques féroces continuées aujour-
d'hui avec plus de cruauté sur nos coreligionnaires sont plus que suffisants pour
démontrer que ces barbares sont incivilisables, insociables avec les nations
civilisées. La justice distributive de la constitution de la Turquie est dérisoire,
lorsque des sultans et des pachas ont dans leurs harems jusqu'à quinze cents
femmes, qu'ils possèdent des terres immenses et les plus productives. On dira
donc avec raison aux Anglais :

Ainsi que dans les désordres de l'Italie, votre protection en Turquie démontre votre haine invétérée contre les catholiques, et votre cupidité insatiable des richesses. Vos compatriotes s'offrent auxiliaires de toutes les perturbations sociales. Il n'y a pas de secte malfaisante, ni de gouvernement assez affreux que vous ne protégiez en vue d'asservir les peuples faibles et d'annuler la puissance de vos rivaux. Pouvez-vous vous flatter que l'Europe civilisée est encore à ignorer les perfidies carthaginoises, liguriennes (1), machiavéliques que vous employez en Italie et en Orient, sous le masque de la constitution que vous imposez avec violence en faisant répéter à vos émissaires que vous favorisez les améliorations des peuples ? Mais vos sourdes manœuvres s'attachent à diviser les peuples; mais le sang humain des chrétiens coule à torrents en Occident, en Orient et en Irlande, partout où votre esprit de désunion, d'impiété, d'ambition et de rapine sème la déprédation, la licence et la haine contre les catholiques; mais vous gâtez la cause de la liberté en Europe et en Syrie par les entraves jetées devant le progrès libérateur que les Hellènes, les Français et les Espagnols ont voulu développer dans la Romélie, en Afrique et dans le reste de la Turquie; mais vous craignez tellement le ressentiment de la justice des nations que vous vous sentez forcés d'employer les immenses trésors de vos déprédations en fortifications, pour écarter de vos têtes coupables les glaives des peuples déjà se préparant à vous demander raison des oppressions et des rapines que vous exercez sur eux.

Depuis que les journaux ont annoncé que les Anglais exercent aux armes leurs dames et leurs enfants, les nôtres répètent le chant : *Partant pour la Syrie...* Fortement impressionnés par la nouvelle des massacres syriens, ils rêvent, pendant leur sommeil, sabres et combats contre les infidèles et les ennemis secrets de la France. Nos prêtres prononcent des panégyriques du haut de la chaire évangélique pour célébrer la sainteté et l'héroïsme de Jeanne d'Arc; les artistes lui élèvent des statues; chacune de nos filles envie la renommée patriotique de la Pucelle d'Orléans; nos jeunes guerriers accourent auprès du Saint-Père à la défense du catholicisme, comme autrefois nos pères s'élançaient en Palestine contre les mécréants. Les croisades doivent se préparer autant contre les ennemis de nos croyances et de notre patrie que contre les protecteurs monstrueux qui n'ont d'entrailles que pour les forbans et les païens Arabo-Turcs appelant chiens (giaours) les hommes chrétiens et civilisés.

En considérant les massacres de la Syrie et les atrocités des Anglais sur les catholiques de l'Irlande, nos soldats pourraient aussi examiner plus attentivement les principaux instigateurs des incendies et des égorgements humains qui souillent pendant le XIXᵉ siècle les terres classiques de la civilisation et du Christianisme. Ils finiraient par comprendre que, avant de frapper les oppresseurs éloignés des peuples faibles, il faudrait d'abord comprimer l'agitateur le plus criminel de l'Europe. Quant au grand oppresseur de la Turquie, tout

(1) Les Corses disent : Pour tromper un juif, il faut douze chrétiens; mais, pour tromper un Génois, il en faut treize.

esprit élevé, ami de l'humanité et de la justice, désire la dispersion d'un foyer de déprédateurs fanatiques. Cette œuvre héroïque avait été commencée plusieurs fois par les plus grands capitaines du monde, et leurs successeurs désiraient de l'achever. « Sully rapporte qu'au nombre des vœux formés par « Henri IV, le plus ardent était de gagner en personne contre les Turcs une « bataille dans laquelle il aurait été généralissime de la chrétienté (1). »

On lit dans l'*Histoire de la Régénération de la Grèce* par M. Pouqueville : « Un aussi noble sentiment animait le cœur de son auguste descendant, « Louis XVIII, quand les paroles émanées du trône firent entendre, au milieu « des chambres réunies du parlement français en 1822, les sentiments d'in- « térêt que le Roi très-chrétien portait à l'Église militante de l'Orient. » Ses sujets avaient exprimé plusieurs fois ses pensées dans leurs adresses respectives, quand un autre petit-fils de Henri IV, Charles X, accomplit le vœu de sa nation, de la chrétienté et du monde civilisé, par ses expéditions humanitaires, évangéliques, glorieuses, qui aidèrent la régénération d'une partie de la Grèce et commencèrent la dispersion des forbans et des autres féroces Turcs de l'Algérie. Ses heureuses entreprises résumaient les vœux et les actes des héros et des croisades de l'Europe civilisée et chrétienne. Ses succès, profitables aux progrès évangéliques et libérateurs, couronnaient les efforts successivement renouvelés à la gloire de Dieu et du genre humain par les Godefroi de Bouillon, saint Louis, Charles-Quint et le général Bonaparte.

L'Angleterre, cachée sous les apparences d'améliorations constitutionnelles, est réellement dévastatrice du progrès social : jalouse de l'ascendant évangélique qui s'étendait en Afrique pour se propager aussi en Orient par notre civilisation, elle souffla l'orage révolutionnaire de 1830, en prêtant l'appui britannique aux conspirateurs, aux mécontents, aux huguenots, aux hérétiques de tous les pays. Elle les fit diriger par les félons à leur roi et aux principes religieux de leur pays, qu'elle rendit dociles aux influences anglaises. En les associant à ses spéculateurs, la Grande-Bretagne se promit alors l'exploitation de la France, la destruction de nos croyances catholiques, de notre marine, de nos colonies, surtout de l'ascendant politique, que nos expéditions victorieuses, en Espagne, en Grèce, en Algérie, avaient donné à notre patrie. Le dirai-je à la honte des dépositaires du pouvoir français ? elle espéra, pendant cette hideuse usurpation philippiste, protestantiser la France par les séides cyniques du grand imposteur libéral qui *sophistiquaient*, avec l'habileté de Machiavel, à l'exemple de leurs protecteurs, la liberté constitutionnelle, la justice de l'administration, l'économie politique, la police de sûreté, les ressources, les règles, la puissance nationale. Les injonctions anglaises étaient si docilement exécutées par les hauts fonctionnaires philippistes en matière religieuse, maritime et coloniale, qu'on entendait dans nos chambres législatives provoquer l'abandon de l'Algérie, refuser des subventions à l'accroissement de notre puissance navale, exalter les vertus des sombres Calvinistes, alors ancrés dans la faveur du chef

______
(1) Sully, *Economique*, t. III, p. 63.

usurpateur, comme le crime dans l'esprit de Satan. L'indifférence des gouvernants sur la foi catholique était si hautement prêchée par les organes du pouvoir que l'hérétique Angleterre se persuada que deux millions de juivo-calvinistes, parsemés sur notre territoire, devaient lui gagner au protestantisme trente-quatre millions de Français catholiques, et par ceux-ci les autres catholiques des deux hémisphères, moyennant les carbonari de l'Italie, les Saint-Simoniens et les compagnies anglo-juives. Elle comptait sur la corruption métallique entraînant à ses captieuses réformes les masses des affamés, des conspirateurs, des aventuriers, des criminels de toutes les contrées. Le même système est pratiqué par ses satellites en Italie. Elle se dit : Puisque l'écume de l'apostasie universelle a été détruite, malgré les Anglais, dans la régence algérienne, pourquoi ne la reconstituerai-je pas sur les autres rivages de la Méditerranée ? L'Angleterre réalise par ces crimes l'enfer sur terre, mais comme Satan ne veut pas des rivaux qui le surpassent en forfaits même, il abandonnera les Anglais à leur criminelle destinée. Les vrais chrétiens seront forcés de les disperser pour délivrer le monde de cette peste morale. Elle désole en ce moment les catholiques d'Italie, de l'Irlande, de la Syrie : les consuls des autres chrétiens n'ont échappé à la mort dans la ville de Damas qu'en se réfugiant chez Abd-el-Kader, mais celui des Anglais reste tranquille dans son palais, que les druso-turcs n'ont pas incendié comme ceux des autres consuls. Pourquoi ce respect pour le représentant de la Grande-Bretagne, pour cette protectrice affectionnée des anti-catholiques ?... pour les assassins du consul de la Hollande ?...

La majorité des catholiques, en France et dans le reste de l'Europe, en face des hétérodoxes, constitue plus que la majorité de l'ancien Tiers-état chez le peuple Français de 1789, à l'égard des classes féodales de cette époque ; la majorité des nations civilisées de l'Europe, en face de la piraterie anglo-turque, est prépondérante, par conséquent en pouvoir de réprimer la perturbation des crimes effrayants qui désolent les catholiques de l'Italie, de la Turquie et de l'Irlande, et qui menacent aussi les autres peuples civilisés et chrétiens. Les massacres du Liban et des Deux-Siciles préparent de plus grandes catastrophes contre les gouvernants et les peuples, que les chefs des insurrections actuels soulèvent les uns contre les autres. Le salut général appelle donc la sollicitude, le concours, l'action prompte des divers pouvoirs, pour éteindre les incendies et lier les bras des égorgeurs déchaînés en Orient et en Occident par les anglo-turcs. Notre siècle ne saurait être déshonoré par la destruction du catholicisme et les martyrs des hommes vertueux et paisibles, afin de restaurer le mahométisme et satisfaire les passions cupides, féroces de déprédateurs rapaces et barbares.

XXII

Les boucheries des arabo-turcs continuent sur les chrétiens de Constantinople, de l'Herzégovine, de la Syrie et aux extrémités de la Turquie. En 1821, la fureur musulmane immolait les orthodoxes en les hachant dans les rues et dans leurs foyers paisibles, en dressant dans leur cathédrale, le jour de Pâque, les gibets auxquels étaient successivement étranglés le patriarche et les autres ecclésiastiques de Bysance, par les féroces janissaires. Aujourd'hui, c'est aux catholiques et à leur clergé à subir le martyre sur les rives mêmes du Jourdain, où le Christ vint laver les iniquités des pervers. Leur sort déplorable présage celui qui menace nos autres coréligionnaires se trouvant à la disposition des conspirateurs païens. Ces sanglantes révélations des anglo-turcs ne sont-elles pas un conseil de repentir et d'humiliation donné à ces langues vénales qui prostituent leur éloquence, tantôt aux intérêts des Anglais, tantôt à ceux des Russes, tantôt à ceux des Turcs mêmes? Les preuves éclatantes, les crimes flagrants manquent-ils pour confondre les restaurateurs de l'Empire turc? Les chrétiens de l'Occident pourraient-ils faire moins aujourd'hui pour les chrétiens de la Syrie, que les comités de l'Europe ne firent, en 1827, en faveur de ceux de la Grèce? La charité du consul français, distribuant en Syrie cinq cents pains aux victimes échappées, le dévouement évangélique de l'abbé Rousseau, ne prescrivent-ils pas aux catholiques des comités secourables, et aux souverains de la chrétienté des mesures diplomatiques et militaires pour arrêter ce débordement de crimes?

Ah! nos yeux avaient vu assez de lamentables victimes à Constantinople, sans déplorer encore celles que les druso-turcs jettent en pâture aux chiens! Notre douleur est d'autant plus grande que nous nous sommes efforcé à les prévenir par des avis incessants sur la haine implacable des mécréants contre nos coreligionnaires. Notre esprit est attristé en considérant que des publicistes, se disant Français, ont vendu leur plume à la vaste conspiration tramée contre le catholicisme, la civilisation, la supériorité militaire de la France, contre les indépendances nationales de l'Europe centrale. Sont-ils assez aveugles ou assez corrompus pour ne pas voir les principaux instigateurs des tragédies syriennes et italiennes? Le fanatisme théocratique souffle la licence en faisant pratiquer, en Orient et en Occident, tant de massacres sur les catholiques, tant d'entraves à l'action française. N'y a-t-il pas devoir essentiel de se séparer de l'atrocité des forfaits qui se commettent en Italie et en Turquie, par ces perfides turco-druses et ces anglo-révolutionnaires, qui se sont placés hors les lois divines et humaines? Peuvent-ils se dire hommes civilisés et honorables, quand leurs paroles et leurs actes s'associent aux crimes qui souillent l'Italie et l'Orient? Or, qui niera les faits de tant de perversité, d'apostasie, de rapacité, de félonie? L'imprévoyance et la culpabilité sont à présent démontrées dans les ennemis des conservateurs et des catholiques, dans les séides de l'Angleterre, de la Turquie et des Moscovites.

D'un côté, la justice et la morale demandent de prompts châtiments sur les coupables ; de l'autre côté, la chrétienté, la civilisation, le progrès social, provoquent de sages moyens de conservation pour le catholicisme en Italie et pour les peuples opprimés de la Turquie, contrairement aux perturbateurs de l'Europe. On reconnaît déjà la nécessité de reconstruire l'Empire byzantin avec les chrétiens de l'Orient, afin de déjouer chez les Russes les plans de domination universelle, et chez les Anglais la persistance de garder le cadavre de l'empire Ottoman, afin d'en exploiter les richesses. Il n'est pas hors de cette question de faire observer aux promoteurs d'une confédération orientale avec les diverses populations de la Turquie à la place d'une domination écroulante, que cette combinaison serait la plus triste. La discorde les affaiblirait de plus en plus, pour offrir de fréquents prétextes au grand usurpateur du Nord, épiant les occasions de les asservir les unes après les autres. D'autres Mentchikoff seraient envoyés auprès des diverses républiques pour menacer les faibles et soulever les rivales contre les mieux gouvernées.

Déjà des luttes sanglantes recommencent dans l'Herzégovine, c'est que les czars cherchent d'autres fanariotes devant leur ouvrir les portes à la conquête des greco-slaves pour obtenir la domination dans la Romélie, et, par celle-ci, la possession de la Grèce et de l'Asie Mineure. Le Monténégro est pour la domination universelle des Russes vers l'Europe occidentale un poste aussi important que celui du Caucase pour leur donner l'entrée dans le centre de l'Asie et dans les provinces persannes. Le boulevard préservatif de l'Europe indépendante est donc dans la future reconstitution de l'empire byzantin avec les populations indigènes, sous la protection des Occidentaux. Le droit des nations, l'intérêt dominant de la chrétienté et de la civilisation, posent la digue du salut social sur les bords du Danube et de l'Euphrate, contre les invasions de la nouvelle Tartarie. Cette reconstitution, fortifiée de l'alliance des conservateurs, enlèvera à la Russie le terrain d'où elle se promet la destruction des indépendances européennes, du catholicisme et du progrès de la civilisation, si contraire à la barbarie de ses conquêtes.

En attendant, il y a urgence d'arrêter les crimes effrayants du Liban et de l'Italie. Quelques régiments suffisent pour demander raison aux égorgeurs de nos coreligionnaires. Nos soldats devraient être lancés de la même manière que de braves guerriers se jettent sur les voleurs, les parjures et les malfaiteurs. Lorsque les pirates, les incendiaires et les assassins sont hors les lois divines et humaines par les forfaits atroces qu'ils commettent, tout homme en force s'empresse à les frapper pour leur arracher les victimes. Or, les cannibales du Liban et de Naples, les monstrueux oppresseurs des catholiques italiens et syriens soulèvent contre eux tous les sentiments généreux et arment contre leurs hordes féroces tous les conservateurs de l'ordre.

« Avec le concours du gouvernement turc et d'autres sectes, dit la corres-
« pondance de Beyrouth, 21 juin 1860, les Druses ont dévasté, sans nulle ex-
« ception, toute cette partie du mont Liban, appelée le mont des Druses,
« tuant, brûlant, pillant, violant avec une barbarie inouïe, n'épargnant ni
« femmes, ni enfants, ni tous ceux qu'ils rencontraient, assemblant sous
« leurs bannières tous les voleurs de grande route de différentes nations, de
« Moran, d'Alger, ainsi que les Bédouins, les Moslengs et les Metirrals, ac-
« courus de toutes parts. » Les dernières nouvelles de ce pays annoncent les massacres de Camar et de Damas, ajoutent que ces forbans turco-druses en-lèvent les filles chrétiennes pour en remplir leurs harems....

La férocité des insurgés, égorgeant les agents de sûreté et des prêtres dans les États italiens, démontre l'urgence d'étouffer l'esprit infernal qui se réveille dans les nouveaux Marat, dans les nouveaux assassins, catholiques, civilisés et conservateurs de l'ordre social. Ceux-ci doivent accourir au salut de leurs coreligionnaires et à la répression des assassins, sans se laisser endormir, ni par les rapports des pachas, ni par les promesses astucieuses des anglo-turco-piémontais.

De prompts secours aux peuples opprimés par les turco-druses ; mais il faut se méfier, comme d'une contagion, de ceux des anglo-juifs, surtout ve-nant de la part de ces turco-israélites de l'ancien gouvernement provisoire, nous rappelant les noms des Crémieux et des Lamartine, accompagnés de tant de déceptions : l'un appartient à la secte de *déicides*, par conséquent il se mêlerait de la cause des catholiques, comme le juif Piccolo-Tigre, pour étouffer le Christianisme ; l'autre s'est montré trop panégyriste des Turcs et des An-glais, dans son histoire fallacieuse de l'empire Ottoman, pour inspirer de la con-fiance aux chrétiens. Dieu préserve nos compatriotes et nos coreligionnaires de la corruption ottomane, comme des erreurs historiques, politiques et religieu-ses, qui ont si constamment animé le poëte Lamartine, qu'on ne peut rassasier, ni des quêtes des deux hémisphères, ni avec le riche apanage qu'il a reçu du sultan ! Les avocats et les flatteurs sophistes s'éveilleront pour gâter la cause des chrétiens, comme les intrigants orléanistes se présentèrent, en 1848, à la rue de Poitiers, pour ruiner celle des peuples par la fusion de principes opposés.

Les espérances protectrices pour les populations opprimées se raptivent à la nouvelle du départ de deux vaisseaux portant deux régiments sur le théâtre des désordres. Mais il faut des moyens plus décisifs, plus appropriés aux besoins des catholiques, cernés par les recrues féroces de l'Arabie et des autres contrées de la Turquie, se réunissant aux Druses sur le Liban pour venger les Otto-mans, humiliés (selon ces fanatiques) d'être protégés et organisés par les chiens chrétiens. C'est s'endormir au milieu des plus sérieux dangers que d'attendre répression de réparation préservative de la part des troupes otto-manes expédiées de Constantinople. Quelques malheureux pendus pour apaiser la juste indignation des Européens, un peu de blé et d'argent distribué aux orphelins, beaucoup d'excuses et de promesses aux agents des puissants empires!!! voilà les résultats de la présence des vizirs et de leurs renforts sur le Liban. Le dirai-je clairement? si les grandes puissances veulent marcher sur la voie de la loi évangélique et du droit des gens, elles donneront aux chrétiens opprimés, à nous Grecs et Comnène, héritiers de Constantinople, deux cent mille soldats catholiques civilisés et disciplinés. Nous nous chargerons alors, réunis aux peuples opprimés de la Turquie, de disperser la race féroce des Osmanlis pour en délivrer nos coreligionnaires à la gloire de Dieu et au bonheur des hommes.

Telle est la défense bien entendue de la civilisation, du Christianisme, du progrès social, que je fais pour préserver l'Europe et les autres pays du globe des dominations universelles des anglo-russes. Telle est la vaste et criminelle conspiration des grands perturbateurs du monde que j'accuse devant la France et les autres peuples conservateurs.

Les journaux antichrétiens s'efforcent à donner le change par leurs accusations banales contre les légitimistes ; mais tout homme censé reconnaît clairement que la vaste conspiration des anglo-juifs, des carbonari, des Saint-Simoniens, des affamés, des protestants, des pirates et des mécréants, est éclatée en Italie, dans le Liban, en Irlande, pour s'étendre ensuite dans l'Orient et dans l'Occident par l'anarchie contre les pouvoirs constitués. Elle a pour but l'usurpation des propriétés et l'absorption des richesses et des pouvoirs au profit des grands et des petits conspirateurs, contempteurs des lois divines et humaines, destructeurs barbares de la civilisation, du progrès social et du Christianisme, voulant vivre selon la licence des mahométans ou selon la déesse de la Raison de Robespierre et du protestantisme anglais.

Cette rébellion contre le règne de Jésus-Christ, grossie par les plagiats successifs des hérésies, serait la *renaissance du paganisme des Tibère* en Occident et de la *barbarie déprédative* en Orient, que les peuples vraiment chrétiens, civilisés et conservateurs doivent combattre pour conserver l'ordre, le Christianisme et le progrès social de l'Europe. *Nous ne voulons pas de riches,* disent les révolutionnaires de Naples et de la Sicile; *nous ne voulons pas de chrétiens,* répètent les *mécréants* de toutes les sectes, voilà l'esprit insurrectionnel de la vaste conspiration anglo-turque qu'il faut éteindre.

Souverains et peuples chrétiens, ne vous fiez ni aux lettres du sultan, ni aux exhortations d'Abd-el-Kader et des pachas, ni aux insinuations mensongères des Anglais sur la tolérance des Turcs. Les massacres continués aujourd'hui dans le Liban rappellent ceux que la fureur musulmane pratiqua en 1821 à Constantinople, à Smyrne, à Chio, à Djedah; ils sont la répétition des sanglantes tragédies de douze siècles d'égorgements et de déprédations sur nos coreligionnaires; crimes épouvantables! qui n'ont laissé que quelques déplorables restes de cent millions de chrétiens qui couvraient, avant l'arrivée des arabo-turcs, la Romélie, l'Asie Mineure, la Syrie et l'Afrique septentrionale. La conspiration actuelle recommence ce qui a été plusieurs fois médité et essayé : d'exterminer les chrétiens. Le Liban et les lieux adjacents ont été choisis, par les obstinés musulmans et les Abd-el-Kader, comme centre de résistance propre à la restauration de la secte mahométane, par l'extermination des chrétiens. Vingt mille de ces victimes aujourd'hui dans l'insurrection du Liban, suffisent pour confondre les *avocats complices* des égorgeurs des catholiques. Les négociants chrétiens de Constantinople et des autres contrées de la Turquie nous annoncent leurs alarmes de pareils égorgements en entendant les prédications *des imans qui prêchent ouvertement contre les chrétiens. Ce qui se passe en Syrie,* disent-ils de Constantinople, *se reproduira indubitablement ici.* Voilà les nouvelles alarmantes transmises par les lettres venant de cette ville, publiées ce matin dans les journaux. Les feuilles et le parlement de l'Angleterre, les turcophiles et les garibaldiens, les protestants et les musulmans, leurs paroles comme leurs actions, tendent à paralyser les moyens de salut pour les chrétiens. Ils veulent étouffer la vérité et le catholicisme. Leur vaste conjuration conduit à détruire le Christianisme, le progrès et la civilisation pour le triomphe du fanatisme turco-calviniste. L'Europe chrétienne et civilisée doit assurer l'avenir de ses coreligionnaires par l'ascendant de sa politique et la force de ses armes.

Imprimerie de W. REMQUET et Cie, rue Garancière, 5.

www.ingramcontent.com/pod-product-compliance
Lightning Source LLC
Chambersburg PA
CBHW051140050726
47594CB00003B/1179